Why? 전쟁

Why?

전 쟁

2009년 10월20일 1판1쇄 발행
2010년 1월20일 1판4쇄 발행

회장 | 나춘호
펴낸이 | 나성훈
펴낸곳 | (주)예림당
등록 | 제4–161호
주소 | 서울특별시 강남구 삼성동 153
대표전화 | 566-1004
팩스 | 567-9660
http://www.yearim.co.kr

편집 상무 | 유인화
책임 편집 | 박효찬
편집 | 정미진 조미라 한나래
사진 | 김창윤/유수환
디자인 | 이정애/조윤정 이보배 김윤실
　　　　김신애 이나연 박정수
홍보 | 박일성/김선미 이미영
제작 | 정병문/신상덕 전계현
마케팅 이사 | 김영기
마케팅 | 정학재/지재훈 김희석 김경봉
　　　　정웅 이정화
특판팀 | 채청용/서우람

ⓒ 2009 예림당
ISBN 978-89-302-3208-1 73910

내용을 꼼꼼히 감수해 주신 분

문철영

서울대학교 국사학과를 졸업하고, 같은 학교 대학원에서 '고려시대 유학사상 연구'로 박사 학위를 받았습니다. 현재 단국대학교 역사학과 교수이며, 주요 경력으로는 삼봉 정도전 선생 기념사업회 총무이사, 행정 외무고시 출제위원, 동북아 역사재단 자문위원, 수학 능력시험 기획위원, 한국사 능력 검정시험 출제위원 등이 있습니다. 지은 책으로는《CD로 듣는 독도 이야기》《고려 유학사상의 새로운 모색》등이 있습니다.

밑글을 재미있게 써 주신 분

이근

프리랜서 만화와 일러스트레이션 작가로, 현재 극동만화연구소 공동대표입니다. 주요 경력으로 대구미래대학 애니메이션과 강의, 한국디지털 애니메이션협회 이사, 국내 최초 남북공동만화 제작 등이 있습니다. 지금까지 펴낸 학습만화로는《한국설화》《한국신화》《태극기 휘날리며》《삼국지 한자 교과서》《한자성의 보물을 찾아라》등이 있습니다.

재미있는 만화를 그려 주신 분

극동만화연구소

만화를 그리고 연구하는 곳입니다. 지금까지 남북공동만화 '남남북녀' 제작, 어린이 소리영어 교재 제작, AMT영어교재 만화 애니메이션 제작, 초등통합교재 HELLO KIDS TOEIC 개발 등을 했습니다. 이 책은 한혜정 작가와 이태화 작가가 그리고, 채색은 김형수 작가가 도와주었습니다.

✱ 이 책에 실린 유물과 유적의 명칭은 문화재청(www.cha.go.kr)의 문화재명을 따랐습니다.
⚠ 주의 : 책을 던지거나 떨어뜨리면 다칠 우려가 있으니 주의하십시오.

Why?

왜 역사를 공부해야 할까요?

역사는 영원히 되풀이된다.
−투키디데스

역사는 과거와 현재의
끊임없는 대화이다.
−에드워드 카

역사는 모든 것을,
미래까지도 가르쳐 준다.
−라마르틴

아이들이 역사 속에서 꿈꾸게 해 주는 책

우리 아이들에게 가장 필요한 것은 '꿈'을 꿀 수 있도록 해 주는 것입니다. 미국에서 마틴 루터 킹 목사가 꿈꾸었던 그 꿈이 불우한 어린 시절을 보낸 흑인 외톨이 소년 버락 오바마(제44대 미국 대통령)에게 하나의 비전(vision-이상)이 되었던 것처럼 말입니다. 즉 우리 아이들이 꾸는 꿈들이 뿌리 없이 흘러 다니는 망상이 아니라 우리 역사 속에 깊이 뿌리내릴 수 있도록 비전을 심어 주는 것이 필요합니다. 인터넷을 떠돌아다니는 흥미 위주의 정보 속에서 망상을 키워 나갈 것이 아니라, 파노라마처럼 펼쳐지는 우리 역사의 현장 속에서 '우리' 속의 '나'를 찾아갈 수 있도록, 과거의 '우리'에 대한 기억들(우리 역사)과 대화를 나누면서 그 대화 속에서 미래의 꿈을 키워 나갈 수 있게 해 주어야 합니다.

'꿈'은 이미지입니다. '꿈'은 논리가 아닙니다. '꿈'은 느끼는 것입니다. 우리의 아이들로 하여금 우리 역사 속에서 '꿈'을 꿀 수 있도록 하려면, 그들에게 시각적인 이미지가 전달되어야 합니다. 기존 역사 서술에서 흔히 볼 수 있는 논리적인 인과 관계 설명이나 도덕적인 교훈을 주려는 데서 벗어나야 합니다. 우리 아이들이 현재의 시점에서 과거의 역사 현장 속으로 풍덩 빠져 들어가 장면 장면을 체험하는 것처럼 느낄 수 있어야 합니다.

이 책을 감수하면서 가장 놀라웠던 것은 제가 20여 년 넘게 학생들에게 역사를
가르치면서 가장 안타깝게 여겨 온 이러한 아쉬운 부분을 정확하게 파악하고 있었다는
점입니다. 《Why? 한국사》의 주인공 어린이 세 명은 종횡무진으로 시간 여행을 하면서
역사의 현장 속에 참여합니다. 그래서 이 책을 읽는 독자들도 그 세 명의 어린이들과 함께
그 현장에 같이 있는 것처럼 생생하게 '느낄' 수 있도록 해 줍니다. 이른바 '주입식'으로
역사를 '먹이'는 것이 아니라 느끼고 경험하게 하는 이야기 구조로 되어 있어 다른 시대,
장소, 사건들에 대한 이해를 가능하게 해 줍니다. 역사를 '교훈적'으로 가르치려 하는
것이 아니라, 시간 여행을 통해 역사의 전후 관계를 경험하게 하여 역사적 인과 관계를
자연스럽게 알 수 있게 해 준다는 것입니다.

그리고 이 책의 강점은 무엇보다도 재미있다는 것입니다. 한 번 손에 잡으면 밤을
새워서라도 읽게 만드는 흡입력이 있습니다. 그러면서도 인터넷이나 온라인 게임에
몰두한 것처럼 혼을 빼놓는 것이 아니라, 우리 역사가 주는 그 '울림' 속에 차분히
가라앉게 해 줍니다. 파노라마처럼 펼쳐지는 과거의 '우리'에 대한 기억들을 되새김하면서,
미래에 펼쳐질 '우리' 속의 '나'를 생각해 보게 합니다.
그리하여 어느덧 그 속에서 '꿈'을 꾸고 있는 자신을 발견할 수 있게….

문철영 교수 (단국대학교 역사학과)

이렇게 만들었어요!

재미 팍팍! 생생 역사 체험

틀에 박힌 설명 대신 재미난 만화로 꾸며져 있어 학습 부담에서 벗어나 역사를 즐기며 익힐 수 있습니다. 또 역사 현장에 직접 뛰어들어 역사 인물을 만나고 함께 문제를 해결해 나가는 체험 효과를 톡톡히 누릴 수 있습니다.

초등학생 눈높이에 안성맞춤!

초등학생이 좋아하는 게임처럼 임무를 해결하고 다음 단계로 나아가는 이야기 흐름을 따랐습니다. 빠른 전개로 지루할 틈 없이 역사의 참재미에 빠져들게 합니다. 역사 공부에 첫발을 내딛는 어린이라도 쉽고 재미있게 역사에 다가갈 수 있습니다.

안시성 전투, 귀주 대첩, 한산도 대첩 등 주요 전쟁이 일어난 원인과 결과를 알기 쉽게 꾸몄습니다. 또 광개토 대왕, 양만춘, 박서, 최무선, 이순신 등 나라를 구한 영웅들의 활약상을 다루었습니다.

전쟁으로 보는 우리 역사

본문과 관련해 꼭 알아야 할 핵심 내용과 더 알아야 할 추가 정보를 팁으로 구성해 바로 찾아볼 수 있습니다. 초등학생이 궁금히 여길 정보를 미리 제공해 지적 호기심을 충족시켜 줍니다.

알찬 지식이 톡톡

교과서를 바탕으로 《삼국사기》, 《삼국유사》를 비롯한 여러 역사책을 분석해 초·중·고등학교에서 꼭 한번은 배우고 넘어가는 역사 지식을 빠짐없이 담았습니다. 선행 학습 효과를 볼 수 있도록 꾸며져 부모님들에게도 큰 도움이 됩니다.

서울대 국사학과를 졸업하고 수학능력시험 기획위원과 한국사 능력 검정시험 출제위원을 지낸 단국대 역사학과 교수님께서 철저히 감수해 주셔서 믿을 수 있습니다.

교과서 내용을 충실히 담았을 뿐 아니라 한 뼘 더 알아 두면 좋을 알짜 지식을 뽑아 〈검색! 역사상식〉으로 꾸몄습니다. 쉽게 풀어 쓴 글과 풍부한 사진 자료를 통해 역사 배경 지식을 친절히 가르쳐 줍니다.

역사 지식을 바르게 기억하는지, 주제별 핵심 사건은 무엇인지 확인 학습 문제를 풀며 한번 더 되새겨 볼 수 있습니다.

술술 읽기만 해도 배경 지식 탄탄

알맹이 문제 풀이

차
례

등장인물

비파

비파형 동검을 타고 다니는
청동검의 요정. 아이들을
우리 역사 속 전쟁의
세계로 안내한다.

장미소

똑똑하고 깜찍한 소녀.
아빠가 역사 교수님이라
역사 지식이 풍부하다.

강마루

모험심이 강하고 불의를 보면
못 참는 개구쟁이.
미소를 좋아해 천지와
사랑의 라이벌이다.

신천지

못말리는 잘난 척쟁이.
아는 것은 많지만 툭하면
잘난 체를 해 마루와
싸우기 일쑤다.

강감찬

거란을 크게 물리친
귀주 대첩의 주인공.

광개토 대왕

고구려 제19대 임금으로,
역사상 영토를 가장
크게 넓혔다.

김무력

신라의 명장으로
가야의 후손이다.

권율

임진왜란 때 행주 대첩을
승리로 이끌었다.

이순신

임진왜란 때 수군을
이끌고 나라를 구한 명장.

양헌수

병인양요 때 프랑스군을
크게 무찔렀다.

양만춘

안시성을 지켜 낸
고구려의 명장.

평일이라 그래. 조사하려면 사람이 없을 때가 편하지.

저희도 데려와 주셔서 감사합니다!

근데 전쟁은 나쁜 거 아닌가요?

전쟁을 무조건 나쁘다고 할 수만은 없단다.

싸우지 않고 사이좋게 지내면 좋잖아요.

그게 말처럼 쉬운 일이 아니거든.

마루가 빵을 먹고 있는데,

천지가 그 빵을 빼앗아 갔다면 어떻게 될까?

그런 나쁜 놈은 절대 용서할 수 없죠!

뭐라고?

잠깐! 이렇듯 나라도 서로의 이익과 자존심

때문에 전쟁이 일어나는 거야.

우리의 반만년 역사 속에는 셀 수 없이 많은 전쟁이 있었단다.

!

정말 그렇게 많았나요?

전쟁을 빼고는 역사를 말할 수 없다고 보면 돼.

근데 왜 우리나라는 전쟁이 많았나요?

그걸 다 말하려면 며칠 밤을 새도 부족하지.

이야!

아빠, 우리나라 최초의 전쟁은 뭐였어요?

기록상으로는 고조선과 한나라의

*패수 싸움이겠구나.

폐수?

한나라면 중국이잖아요.

그래, 패수는 고조선과 한나라의 경계를 이루던 강이었어.

폐수라면 오염된 물 때문에 싸운 건가요?

에구, 그 물이 아니라….

고조선의 전쟁 기록화예요!

어디 기록화가 있다는 거지?

이상하다. 이런 그림은 없었던 것 같은데…?

고조선과 한나라의 전쟁을 알고 싶어요.

*패수 지금의 청천강이나 압록강, 또는 요서 지방의 다링강(대릉하)으로 보는 설이 있다.

또 잘난 척하게?
그럼 넌 전쟁이
좋다는 거야?

야, 내가 언제
그렇게 말했어!

서로 대화가 안 되면
전쟁은 피할 수 없는
것이기도 하지.

어?

뭐지?

아니! 저게
뭐야…?

그림 속에!

이리 와. 내가
전쟁에 대해
가르쳐 줄 테니.

으
아
악

*고조선 원래 고조선의 국호는 조선이나, 훗날 이성계가 세운 조선과 구별하기 위해 옛 고(古) 자를 붙여 고조선이라 함.

여기는 기원전 109년 한나라의 요동성이고,

이 사람은 얼마 전 고조선에 한나라의 *사신으로 왔다 간 섭하야.

넌 누구야?

우리에게 무슨 짓을 한 거야?

난 청동검의 요정 비파라고 해!

전쟁에 대해서는 모르는 게 없지.

우리 역사 속의 전쟁을 가르쳐 주러 왔어.

그런데 여기는 전쟁터가 아니잖아. 살해 현장이지….

동 동

깜찍한걸.

맞아! 하지만 방금 죽은 섭하로 인해

곧 큰 전쟁이 일어나거든.

!?

한나라의 고조선 침략 핑계

기원전 109년, 중국을 평정한 한나라의 무제는 섭하를 고조선에 보내 *조공 바칠 것을 요구했다. 그러자 고조선의 우거왕은 이 제의를 거절하고 비왕 장에게 섭하를 배웅하게 했다. 섭하는 아무 소득이 없이 돌아가게 되자 패수에 이르러 장을 죽였다. 얼마 후 섭하가 요동 동부 도위가 되어 요동성으로 오자, 섭하를 괘씸히 여기던 우거왕이 군사를 보내 죽였던 것이다. 무제는 이를 고조선 침략의 구실로 삼았다.

*사신 임금이나 국가의 명령을 받고 외국에 사절로 가는 신하.　　*조공 작은 나라가 큰 나라에 때맞춰 값비싼 물건 따위를 바침.

전쟁의 역사를 체험하고 나면 평화가 얼마나 소중한지 깨닫게 될 거야.

어때! 관심 없니?

아니 궁금해!

좋았어!

휘

으악!

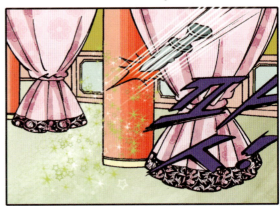

한나라의 궁궐.

뭣이! 고조선의 군사들이 요동을 침범하여 섭하를 죽였다고….

폐하, 대제국의 신하를 죽인 것은 고조선이 선전 포고를 한 것이나 다를 바 없사옵니다.

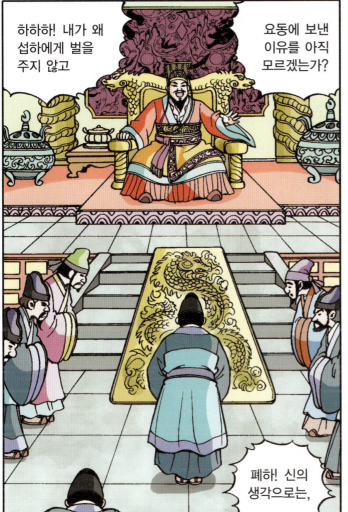

하하하! 내가 왜 섭하에게 벌을 주지 않고

요동에 보낸 이유를 아직 모르겠는가?

폐하! 신의 생각으로는,

요동은 고조선 땅과 마주 보고 있는 곳이니 고조선을 자극하여,

도발을 유도하기 위해 그러신 것 같사옵니다.

그래, 바로 그것이다.

고조선을 공격할 빌미로 삼는 거지.

고조선을 침공할 것이다.

어서 군사들을 준비시켜라!

한나라의 무제

진나라를 무너뜨리고 중국을 통일한 유방(고조)이 세운 한(漢)나라의 제7대 황제이다. 무제는 황제를 중심으로 한 중앙 집권 체제를 완성하고, *흉노와 고조선을 정벌하는 등 베트남까지 영토를 크게 넓혀 한나라의 전성기를 이끌었다. 또한 동중서의 건의를 받아들여 유교를 국교로 삼아 발전시켰다. 그리고 장건을 서역(중국 서쪽에 있던 여러 나라)으로 파견하여 실크 로드(비단길)를 개척하게 해 동서 교류가 활발해진 것, 사마천이 역사책 《사기》를 쓴 것은 모두 무제 때였다.

*흉노 고대부터 중국 북부에 쳐들어와 몽골 지방에서 세력을 떨쳤던 유목 기마 민족.

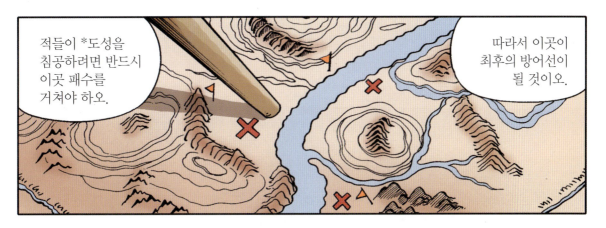

적들이 *도성을 침공하려면 반드시 이곳 패수를 거쳐야 하오.

따라서 이곳이 최후의 방어선이 될 것이오.

한나라의 침공 시기가 가을일 것 같은데, 어찌 생각하시오?

폐하, 가을은 건조한 시기로 강의 수심이 얕아 건너기 쉬우니 그럴 것이옵니다.

맞소. 그러니 우리 군사들을 수심이 얕은 곳

근처에 매복을 시켰다 공격하면 반드시 승리할 것이오.

우거왕

기원전 194년에 왕검성으로 쳐들어가 준왕을 몰아내고 왕위에 올랐던 위만의 손자이다. 우거왕은 한나라의 유민들을 받아들이고, 중계 무역과 철기 문화를 바탕으로 강력한 군사력을 갖추어 고조선을 부강한 나라로 만들었다. 또한 북방의 흉노와 소통하며 한나라를 견제하였다. 한나라의 침략에 맞서 잘 싸웠으나, *화친을 주장하는 신하들의 주장을 뿌리쳤다가 신하 삼이 보낸 자객에게 살해되었다.

*도성 임금이 있던 도읍지가 성으로 이루어져 있었다는 데서, 서울을 이르던 말.　　*화친 나라와 나라가 다툼 없이 가까이 지냄.

적이 바다와 육지 양쪽으로 진군해 오고 있습니다.

육군은 순체가, 수군은 양복이 이끈다 하옵니다.

즉시 전군에 전투 태세를 갖추라 이르고,

신속히 패수 곳곳에 군사들을 매복시켜라.

또한 흉악한 죄를 지은 죄수들을 군사로 데리고 왔다 하옵니다.

죄를 용서해 주는 조건으로 전쟁터로 데려온 것이겠지.

죄수들은 훈련을 못 받아 모두 오합지졸이다.

수군은 내가 맡고, 도성은 성기 장군에게 지키게 하자.

첫 전투에서 승리하면 유리한 법인데….

한나라의 고조선 침략 이유

고조선은 만주와 한반도 북부에 걸쳐 넓은 세력권을 형성하고 있는 나라였다. 특히 우거왕 때는 다른 나라에서 사들인 물건을 또 다른 나라에 팔아 돈을 버는 중계 무역을 통해 상업이 발전했다. 당시 고조선은 남쪽에 있던 진국 등 다른 나라가 한나라에 조공하러 가는 길을 막고, 한나라와의 중계 무역으로 이득을 보고 있었다. 이처럼 고조선이 중계 무역의 이익을 독점하자 한나라는 불만이 많았다. 게다가 군사력까지 커지자 흉노와 손잡을 것을 우려한 한나라 무제가 고조선을 쳐들어왔던 것이다.

적들이 사정거리 안에 들어오면

불화살을 쏘아라.

예!

흠, 놈들은 독 안에 든 쥐 꼴이군.

좌장군 순체 군대는 왜 아직 오지 않는 거야? 더는 기다릴 수 없어.

좋아! 먼저 왕검성을 함락시켜 폐하를 기쁘게 해 드려야겠군.

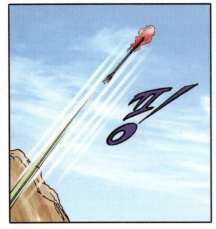

저건?

절대 한 놈도
살려 보내지 마라!

으악!

이럴 줄
알았으면 감옥에
있는 건데….

장군님,
어서 피하
십시오.

어, 그래.

컥! 허무하게
패하는군.

고조선을
너무 얕봤어.

한나라 수군은 거의 전멸하고 양복은 간신히 달아나 산속에 숨어 있다 패잔병을 수습했다.

한편 순체의 군대도 고조선의 기습 작전에 패하여, 패수 싸움은 고조선의 승리로 끝났다.

아자! 미소야, 고조선이 이겼어. 너무 기쁘지?

응.

당장 손 떼!

우거왕은 진취적이고 배짱 있는 훌륭한 임금이셨는데….

그래서 한나라군을 물리쳤잖아!

곧 고조선이 멸망하거든.

정말?

그게 무슨 소리야?

무제는 불리해지자 우거왕에게 협상을 제의하게 돼.

우거왕은 태자를 협상 대표로 보냈지만, 서로 의심해서 협상도 못하고 돌아왔어.

그러자 무제는 군사를 총동원하여 왕검성을 포위해.

세 차례에 걸쳐 맹공격을 하지만 실패하지.

역시 우거왕이야!

전쟁을 시작한 지 일 년이 다 되었다. 무슨 방도가 없겠느냐?

지금 고조선 *조정은 항복하자는 주화파와 싸우자는 주전파가 대립하고 있사옵니다.

역계경이란 대신은 화친을 주장하다 우거왕이 받아들이지 않자,

따르는 무리를 이끌고 남쪽의 진국으로 떠났다 하옵니다.

주화파를 매수하면서 계속 협박하면 곧 항복할 것이옵니다.

그거 좋은 생각이다. 당장 움직여라!

＊조정 임금이 나라의 정치를 신하들과 의논하거나 집행하는 곳.

결국 한나라에 매수된 신하들이 항복하고,

심지어는 우거왕까지 살해하지.

당신이 있는 한 전쟁은 끝나지 않을 것이오.

크윽…!

우거왕은 죽었지만 왕검성은 함락되지 않아. 충신 성기 장군이 끝까지 항복하지 않고 싸웠거든.

살고 싶으면 너희 나라로 돌아가라.

내가 있는 한 항복은 없다!

백성들이 저자를 따르니 문제구나.

하지만 성기 장군마저 배신한 왕자 장에게 죽고 말아.

조선은 이미 끝났소.

크윽! 어찌 왕자인 자가 나라를….

왕검성의 위치는?

왕검성은 고조선 시대의 도성으로 '왕험성'이라고도 한다. 왕검성에서 '왕검'을 '임금'으로 보아 '임금의 성'이란 뜻으로 해석하기도 한다. 그러나 왕검성을 지역 이름으로 볼 때는 그 위치에 대해서 여러 가지 설이 있다. 《삼국사기》와 《삼국유사》의 기록에 따라 지금의 평양으로 보는 설, 중국의 역사책인 《사기》에 따라 요동으로 보는 견해 등이 있다.

결국 왕검성은 함락되고, 우리나라 최초의 국가인 고조선은 기원전 108년에 멸망하게 되지.

고작 몇 명의 배신자 때문에 고조선이 망했다는 거야?

아이쿠, 깜짝이야!

외부의 적보다 내부의 적이 더 무섭구나.

그래서 나처럼 투철한 애국심이 필요한 거야.

퍽

요즘도 기업들이 다른 나라 회사의 주요 정보를 빼낼 때

그 회사 내부 사람을 매수하잖아.

용감하게 싸웠던 고조선의 백성은 어떻게 돼?

많은 백성들이 한나라로 끌려 가게 되지.

고조선의 멸망 원인

고조선은 한나라 군대의 집요한 공격과 지배층 내부의 분열 때문에 멸망했다. 한나라는 전쟁 초기 패배에도 불구하고 일 년간이나 고조선을 공격했다. 이리하여 고조선의 백성들은 지쳤고, 군량과 무기도 고갈되어 갔다. 게다가 조정은 주전파와 주화파로 갈라져 대립했다. 또한 한나라는 황제를 중심으로 한 중앙 집권 체제였으나, 고조선은 연맹 왕국의 형태였다. 즉 고조선의 중앙 지배층은 각기 자신의 근거지를 지배하면서 중앙 정부에서 귀족적 지위를 누렸던 것이다. 한나라는 이 같은 사실을 알고 고조선 지배층 일부를 매수하여 분열시켰던 것이다.

한나라는 고조선 땅에 낙랑군, 임둔군, 진번군, 현도군 등 네 개의 *군현을

현도군
진번군
임둔군
낙랑군

설치해 지배하려 했어. 이것을 한사군이라 하는데 대부분 곧 폐지돼.

앗싸! 우리 조상님들의 저항에 밀려난 거구나.

낙랑군만 간신히 유지되다 313년 고구려에 합쳐져.

고구려에게?

그래. 특히 고구려 19대 임금 광개토 대왕은

고조선 땅이었던 만주와 한강 이북까지 영토를 넓혀 고구려의 전성시대를 이룩해.

너희 우리 민족의 영웅인 광개토 대왕의 시대로 지금 가 보고 싶지 않니?

가 보고 싶어!

붕

*군현 한나라 때 중앙 정부에서 벼슬아치를 보내 감시하던 지역.

근초고왕과 고국원왕 ▼

백제의 정복 군주 근초고왕 | 불운한 고국원왕

백제의 정복 군주 근초고왕

백제 제13대 임금인 근초고왕은 백제의 건국 이래 가장 많은 영토를 차지한 임금이었습니다. 마한 세력을 완전히 정복하여 영토를 전라도 남해안까지 늘린 다음 가야와 일본에까지 그 세력을 떨쳤습니다. 또한 북쪽으로 진출을 꿈꾸던 근초고왕은 남하 정책을 추진하던 고구려와의 전쟁을 피할 수 없었습니다. 고구려의 고국원왕이 369년에 군사 2만 명을 이끌고 쳐들어오자, 근초고왕은 태자를 보내 *치양성에서 고구려군을 무찌르고 5천여 명을 사로잡았습니다. 또 371년에는 고구려군을 대동강에서 물리치고 평양성을 공격해 마침내 고구려의 고국원왕을 전사시켰습니다.

아차산성, 사적 제234호(서울 광진구 광장동)

칠지도, 백제 왕이 일본 왕에게 하사한 철제 칼.

이후 백제는 지금의 경기도, 충청도, 전라도, 강원도, 황해도의 일부까지 차지해 강력한 고대 국가의 기반을 마련했습니다. 또한 근초고왕은 중국에 사신을 보내 국교를 맺고, 요서 지방과 산둥 지방까지 진출해 중국과 무역을 했습니다. 그리고 백제의 학자인 아직기와 왕인을 일본에 보내 《천자문》과 《논어》를 비롯한 선진 문물을 전하고, 일본 왕에게 칠지도를 하사하는 등 외교에도 힘썼습니다. 이와 같이 백제는 근초고왕 시절에 가장 크게 발전했고, 영토 확장과 활발한 국제 관계를 통해 최대의 전성기를 누렸습니다.

왕인 박사 유적지 (전남 영암군 군서면)

*치양성 황해도 배천군 치악산에 있는 고구려 때의 산성. 치악산성.

불운한 고국원왕

331년, 고구려의 미천왕이 세상을 떠나고 태자가 즉위하니 그가 제16대 임금 고국원왕입니다. 이 무렵 중국은 여러 나라로 조각나 있는 5호 16국 시대가 되면서 혼란을 겪고 있었습니다. 이때 선비족 모용외의 아들인 모용황이 '연(전연)'이라는 나라를 세우고 고구려를 침략하려 했습니다. 이에 고국원왕은 평양성을 증축하고 북쪽 변방에 신성을 쌓아 연의 침략에 대비했습니다. 모용황이 339년에 신성으로 쳐들어오자, 고국원왕은 조공을 약속하고 돌려보냈습니다. 그리고 연을 공격하기 위해 환도성과 국내성을 수리하고 도읍을 환도성으로 옮겼습니다.

342년, 모용황은 또 고구려를 침공했습니다. 모용황은 4만 명의 군사를 거느리고 남쪽으로 쳐들어왔고, 나머지 군사는 북쪽으로 쳐들어왔습니다. 이때 고국원왕의 동생 무는 5만 명의 군사로 북쪽을, 고국원왕은 1만 명의 군사로 남쪽을 지키고 있었습니다. 모용

무용총 벽화, 고구려 때의 고분 벽화(중국 지린 성 지안 현)

안악3호 무덤 묘주인 벽화 (황남 안악군 오국리)

황은 고국원왕이 이끄는 고구려군을 격파하고 환도성을 점령했고, 고국원왕은 간신히 도망쳤습니다. 모용황은 왕의 어머니와 왕비를 사로잡고 항복을 요구했으나 고국원왕이 항복하지 않자, 미천왕의 무덤을 파서 시신을 빼앗고 왕의 어머니, 왕비, 5만 명의 백성을 포로로 잡아갔습니다. 또한 궁궐에 불을 지르고 환도성을 헐어 버렸습니다. 이후 고국원왕은 연에 사신을 보내 조공을 바치고 미천왕의 시신과 왕비 그리고 어머니를 데리고 왔습니다. 그 뒤 고국원왕은 371년에 백제와 평양성에서 싸우다가 안타깝게도 전사했습니다.

이런 치욕을 겪게 한 이 불효 자식을 용서해 주세요.

*노객 고구려 때, 신하가 임금을 상대하여 자기를 낮추어 이르던 말.

또한 이 땅에 *왜를 끌어들이는 것도 안 된다.

대왕, 명심 하겠습니다.

노예 천 명과 베 천 필을 바치겠나이다.

좋다. 신하의 예를 다하겠다니 그만 돌아갈 것이다.

대신 항복하는 뜻에서 아신왕은 아우와 대신을 *볼모로 보내라.

분부대로 하겠사옵니다.

광개토 대왕에게 항복한 백제의 아신왕

백제의 아신왕이 자주 고구려를 침공하자, 396년에 광개토 대왕은 수군을 이끌고 백제를 공격했다. 백제는 제대로 싸워 보지도 못하고 순식간에 한강 이북을 빼앗겼고, 고구려군은 일시에 강을 건너 백제의 왕궁까지 진격하였다. 이에 아신왕은 수성전으로 맞섰지만 결국 얼마 버티지 못하고 항복하게 된다. 이리하여 고구려는 백제 땅 58개의 성과 700개의 촌락을 차지하였고, 아신왕은 신하의 예로 광개토 대왕을 맞이했던 것이다.

*왜 일본. 왜국.   *볼모 약속 이행의 담보로 상대편에 잡혀 두는 물건이나 사람. 인질.

으, 냄새!

에구.

여긴 어디야?

397년이고, 고구려의 수도 국내성이야.

국내성?

참, 광개토 대왕 때잖아.

그래. 이제 너희는

고구려 *기병의 말을 관리하는 병사가 된 거야.

우리가 고구려 군사가 됐단 말이야?

멋지지? 머지 않아 큰 싸움에

참전하게 될 테니 기다려 봐!

큰 싸움이라면…?

＊**기병** 말을 타고 싸우는 병사. 기마병.

그럼 광개토 대왕도 볼 수 있는 거야?

영락이란 *연호를 써서 영락 대왕이라 하니까 너희는 그렇게 불러야 해.

대왕이 워낙 바빠서 볼 수 있을까 몰라.

전쟁을 준비하고 있는 거야?

광개토 대왕은 즉위 초부터 영토를 넓히기 위해 남쪽의 백제를 치고,

북서쪽으로는 거란을 치는 등 지금까지 쉬지 않고 전쟁하고 있어 늘 바쁘거든.

전쟁을 많이 하는 것은 나쁜 거잖아!

그렇지. 하지만 이 시대에는 전쟁을 통해 나라가 발전하는 긍정적인 계기가 되거든.

국내성.

폐하, 백제가 항복 서약을 깨고 전쟁 준비를 하고 있습니다.

*연호 임금이 즉위한 해에 붙이던 칭호.

41

게다가 감히 왜에 원병을 요청했다 하옵니다.

….

또 가야와도 *동맹을 꾀하는 것 같습니다.

가야는 신라와 국경을 접하고 있어서

늘 신라의 위협을 받고 있는 나라인데….

폐하!

신라를 견제하기 위해 백제와 손을 잡은 것이옵니다.

가야가 신라 대신 백제를 선택한 거군.

백제와 왜, 가야의 삼국 연합이라!

*동맹 둘 이상의 개인이나 단체, 또는 국가가 서로의 이익이나 목적을 위하여 동일하게 행동하기로 맹세하여 맺는 약속.

서북 변방의 상황은 어떻소?

후연 왕 모용성이 군대를 훈련시키고 있다 하옵니다.

*선대왕께서 후연의 침입에 대비하는 동안 백제가 도압성을 공격했소.

그러니,

후연의 침입에 대비해 서북 변방을 경계함은 물론

백제의 변경 지대를 공격하여 감히 침공할 엄두도 못 내게 하시오.

398년, 백제의 수도 한성.

뭣이! 고구려군이 침입해 백성 3백여 명을 끌고 갔다고?

저희가 전쟁 준비 중인 것을 고구려가 눈치채고,

경고하려고 공격한 것 같습니다.

*선대왕 죽은 전왕을 높여 이르는 말.

고구려가 북쪽의 후연과 대치하고 있으나,

언제라도 남쪽의 우리를 칠 수 있다는 것을 과시한 거다.

흥! 겁먹을 필요 없다. 오히려

지금이 기회니 고구려를 칠 준비를 하라.

폐하, 참으소서. 아직은 때가 아니옵니다.

전쟁에 지친 백성들이 병사가 되는 것을 피하려고 신라로 달아나고 있습니다.

뭣이!

아신왕

백제 제17대 임금으로 침류왕의 맏아들이다. 침류왕이 죽었을 때 나이가 어려 숙부 진사왕이 즉위했으나 392년 진사왕이 죽자 왕위에 올랐다. 즉위 후 고구려 광개토 대왕의 남하 정책에 대항하여 관미성, 수곡성, 패수에서 고구려군과 싸웠으나 모두 패하였다. 397년엔 고구려를 견제하기 위해, 태자 전지를 일본에 볼모로 보내 화친을 맺었다. 이듬해 쌍현성을 쌓고, 군사를 기르는 등 잃었던 땅을 되찾기 위해 애쓰다 405년에 세상을 떠났다.

399년, 백제는 왜와 가야에게 연합하여 신라를 공격하게 했다.

빼앗은 것은 다 가져도 좋다.

대신 반드시 승리해야 한다!

왜와 가야가 한편이 되다니!

고구려 국내성.

폐하, 왜군과 가야군이 쳐들어왔다고 신라에서 원병을 요청하는 사신이 도착했습니다.

백제가 우리를 노리고 한 짓이군.

흠! 위로는 후연, 아래로는 백제….

신라에 구원병을 보내면 분명 백제, 후연이 공격을 해 올 텐데.

절대 섣불리 움직여서는 안 돼!

신라, 고구려, 백제의 접경 지역.

영락 대왕, 어쩔 것이냐?

신라에 원병을 보내면 즉시 우리 백제군은 고구려를 칠 것이다.

그게 염려되어 원병을 보내지 않는다면,

이대로 신라를 공격해 점령한다.

어떤 선택을 하든 이 전쟁의 승자는 우리 백제이다.

신라에서 원병을 요청했다며?

비파, 누가 보면 어쩌려고 나타났어?

걱정 마. 난 너희 눈에만 보이고,

목소리도 너희에게만 들리니까.

신라와 백제는 서로 앙숙 관계였는데,

상대적으로 신라의 힘이 더 약했어.

왜는 일찍이 많은 문화를 백제로부터 전해 받으며 교류했고, 또 아신왕이 태자를 볼모로 보냈기에 군대를 보낸 거야.

신라에게 겁 좀 줘.

하이!

그리고 이때 왜는 군사력이 약한 신라를 자주 침략했었어.

식량 내놔!

나라의 힘이 약하니 이런 거야.

그래서 신라의 내물왕은 백제와 왜를 견제하기 위해 고구려에 조공을 바치고 왕족 실성을 볼모로 보냈어.

백제, 왜, 가야 모두 우릴 노리니 힘들구나.

자존심 상하지만 고구려에 의존하는 수밖에….

내물왕

신라 제17대 임금으로 마립간(대군장)이라는 왕의 칭호를 처음 사용했으며, 국가 체제를 정비하고 왕권을 강화하였다. 또한 박, 석, 김이 돌아가며 왕위를 잇던 것을 김씨의 왕위 *세습으로 자리 잡게 했다. 대외적으로는 고구려와 화친하였고, 전진과 외교 관계를 수립하여 중국의 앞선 문물을 들여오기 시작했다. 한자가 우리나라에 들어온 것도 이즈음이다. 백제, 왜, 말갈 등의 침략을 여러 차례 막아 냈다.

*세습 재산이나 신분 따위를 그 자손이 대대로 물려받는 일.

백제가 고구려를 견제하려면 왜와 가야를 끌어들일 수밖에 없었네.

그러네.

고구려 입장에선 후연만 아니면 벌써 원병을 보냈을 텐데….

영락 대왕도 결정하기 쉽지 않겠어.

400년, 국내성.

폐하, 벌써 신라의 *금성까지 왜군이 침입했다 하옵니다.

다행히 신라 왕은 피신했지만, 이대로 두면 신라는 곧 항복할 것입니다.

그렇다면 당장 신라로 원병을 보내야겠군.

어찌 그리 쉽게 도성까지 적의 침입을 허용했단 말인가!

짐은 후연과 백제의 침공에 대비해야 하니,

신라의 지리에 밝은 장수들을 보내시오.

*금성 경주.

전쟁

49

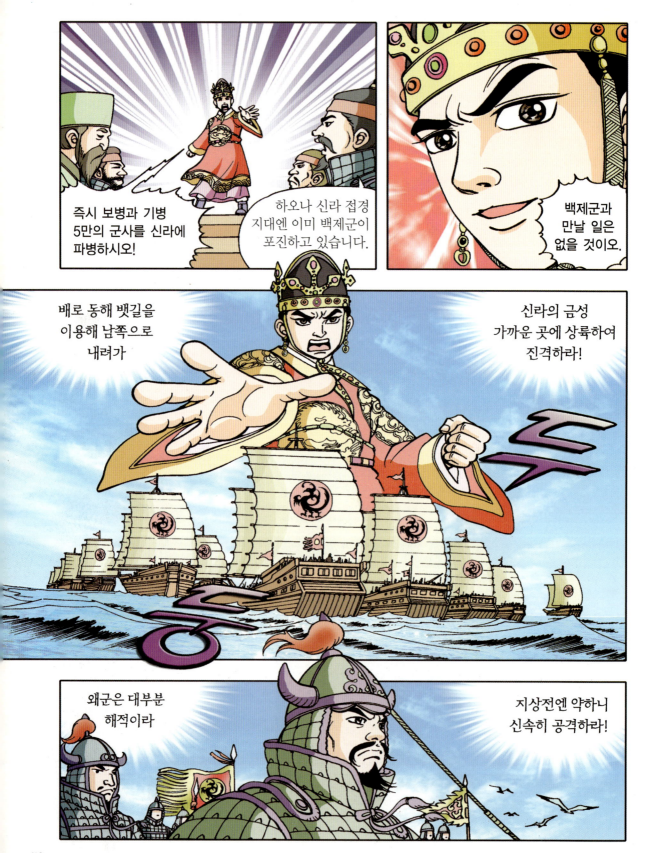

바다로 신라에 원병을 보내다니, 정말 뜻밖의 결단이야!

난 그것보다 더 의외인 것이 고구려의 말이야.

우리보다 말이 더 대접 받고 있잖아.

히히힝

!

하긴 말이 갑옷까지 입으니….

갑옷을 입힌 말을 개마라고 해. 고구려는 강력한 기병인 개마 무사 덕분에

전쟁에서 늘 승리할 수 있었어.

한마디로 너희보다 대접을 받을만 하다고나 할까!

도착했다. 전군은 상륙 준비를 하라!

전쟁

51

상륙한 고구려의 5만여 군사는 기병을 앞세워 금성을 향해 진군했다.

진격하라!

용맹한 고구려의 군사들이 공격하자 *노략질을 일삼던 왜군과

크악!

도망쳐라!

*노략질 떼를 지어 돌아다니며 사람을 해치거나 재물을 강제로 빼앗는 짓.

승리에 도취되어 있던 가야군은 제대로 싸워 보지도 못하고 참패했다.

고구려군이 언제 왔지?

신속히 공격하여 놈들이
반격할 시간을 주지 마라!

개마 무사는
너무 무서워~!

와 와 와

금성을 되찾아도
계속 남쪽으로 진격한다.

단 한 명의
왜놈도 살려
보내지 마라!

한편 신라, 고구려의 접경 지역에 진을 치고 있던 백제군은.

폐하, 고구려의 원병이 바다로 가 단숨에 금성을 탈환했다 하옵니다.

뭣이! 그럼 왜군은?

고구려군의 기세에 눌려 모두 달아나 버렸다 하옵니다.

벌써 고구려군은 남해 일대에 이르러 가야를 공격하는 것 같습니다.

순식간에 당하다니! 이젠 너무 늦었어.

크윽! 왜를 믿었던 내가 어리석었어.

경자대원정

광개토 대왕이 내물왕의 원병 요청을 받고 5만의 군사를 보내 낙동강 유역에서 왜를 격퇴하고, *임나가라를 복종하게 했다는 것은 *광개토 대왕릉비 비문에 있는 내용이다. 경자년(400년)에 원정했다 하여 '경자대원정'이라 한다. 이 전쟁의 승리로 고구려는 신라에 대한 영향력을 강화하게 되고, 신라는 더 고구려에 의존하게 된다.

*임나가라 대가야. *광개토 대왕릉비 장수왕이 아버지 광개토 대왕의 업적을 기리기 위해 세운 비석. 중국 지린 성 지안 현 퉁거우에 있다.

용맹한 고구려
군사들이 대승을
거두었습니다.

또한 백제의
군사도 회군하고
있다 하옵니다.

아신왕, 그대의
야심과 집념은
인정한다.

하지만 때를 잘못
만났구나. 하늘은
내 편이다.

대부분의 장수는
속히 도성으로
돌아와 후연의
침입에 대비하고,

점령지엔 일부
군사들을 남겨
가야와 왜를
감시하게 하라.

흥, 영락 대왕은 구경도 못하다니!

근데 내물왕은 어떻게 됐어?

고구려군은 정말 대단해.

광개토 대왕릉비에 따르면 내물왕이 직접 고구려까지 와 조공을 바쳤대.

이후 신라는 내물왕이 세상을 떠나자

고구려에 볼모로 갔던 실성이 돌아와 즉위해.

하지만 150년 뒤 진흥왕 때 신라가 발전하면서 삼국은 한강을 두고 치열한 전쟁을 벌여.

왜 한강이지?

한강 하류엔 비옥한 땅이 많았고,

또 한강은 서해 바다로 이어져 중국과 교역하는 교통로였거든.

삼국이 주도권 다툼을 벌이는구나.

오, 제법인데!

그럼 한강을 차지하는 나라가 앞서 가겠네.

그럼 백제의 아신왕은?

불운한 왕이야!

아신왕은 3년 후 신라의 변경을 공격하기도 하지만,

결국 고구려를 한 번도 이겨 보지 못하고 405년에 세상을 떠나.

뷰웅

만약 상대가 광개토대왕이 아니었다면 아신왕은…?

비파, 우린 이제 어디로 가는 거야?

이번엔 가까운 백제로 갈 거야. 정신 좀 차려.

키트 키트 키트

우아앙, 어지러워. 어서 내려 줘!

키트 키트 키트 키파 키파 키파 키트 키트

개마 무사와 철의 나라 가야 ▼

고구려의 힘 개마 무사 | 철의 나라 가야

단양 온달산성, 사적 제264호
(충북 단양군 영춘면)

장군총, 고구려의 대표적인 돌무지 무덤.
(중국 지린 성 지안 현)

고구려의 힘 개마 무사

  개마 무사란 군사와 말 모두 갑옷을 입어 웬만한 창에도 끄떡 없도록 중무장한 기병을 말하며, 개마는 갑옷을 입힌 말을 말합니다. 고구려의 개마는 말 투구, 말 갑옷, 말 장구를 착용했습니다. 말 투구는 머리 부분을 보호하기 위한 것으로 철판을 머리 모양으로 오려서 둥그렇게 감싸 덮었습니다. 콧구멍 부분은 드러내거나 숨을 쉴 수 있도록 주름을 잡았습니다.

  말까지 철갑을 입힌 고구려의 개마 무사는 적진을 돌파하며 맹렬히 공격했기에 적에게는 공포와 두려움의 대상이었습니다. 이처럼 고구려는 최강의 전투력을 보유한 개마 무사 덕분에 우리 역사상 가장 광대한 영토를 차지할 수 있었습니다.

  그러나 개마 무사에게도 큰 약점이 있었습니다. 무게가 최소 40킬로그램이나 되는 말의 갑옷에 군사까지 더해 적어도 100킬로그램 이상의 무게를 말이 지탱해야 한다는 것이었습니다. 이 엄청난 무게를 감당해야 하는 말은 기동력이 떨어져 매우 둔하게 움직일 수밖에 없었습니다. 하지만 이러한 약점에도 불구하고 개마 무사는 고구려의 전성기를 여는 원동력이 되었습니다.

으아~, 갑옷이 너무 무거워!

쌍영총 벽화 편, 말 탄 사람이 그려진
5세기 때 고구려 무덤 벽화 조각(국립중앙박물관)

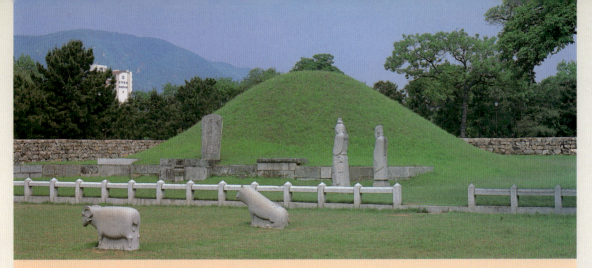

수로왕릉, 사적 제73호(경남 김해시 서상동)

철의 나라 가야

삼국이 중앙 집권 국가로서 국가 조직의 정비에 힘을 기울이고 있을 무렵, 낙동강 하류 지역의 변한 땅에서는 수로왕이 세운 가야의 여러 나라가 일어나 연맹 왕국을 이루고 있었습니다. 초기에는 김해의 금관가야, 후기에는 고령의 대가야가 가야 연맹을 주도했습니다.

금관가야는 해상 활동에 유리한 입지 조건과 질 좋은 철의 생산을 기반으로 성장했습니다. 각종 철제 무기를 만들어 사용했고, 덩이쇠를 만들어 화폐와 같은 수단으로 사용했습니다. 또 철 생산을 통해 막대한 부를 축적해 이것을 바탕으로 군사력을 키울 수 있었습니다.

가야 시대의 철기 검

가야는 낙동강 동쪽으로 진출하려는 시도가 신라에 의해 번번이 좌절되자, 백제와 밀접한 관계를 유지하며 신라를 견제했습니다. 400년, 고구려가 왜와 싸우는 신라를 돕기 위해 5만 명의 군사를 보내 가야를 공격했을 때, 금관가야는 큰 타격을 입었습니다. 그러자 낙동강 서쪽의 여러 가야는 대가야를 중심으로 다시 연맹체를 이루었습니다. 대가야는 질 좋은 철을 생산했고 좋은 농업 입지 조건을 갖추고 있었습니다. 더구나 전쟁의 피해를 입지 않아 가야 연맹체의 새로운 중심으로 떠오를 수 있었습니다. 하지만 562년, 신라가 대가야를 병합함으로써 후기 가야 연맹은 완전히 몰락하게 됩니다.

철기 시대의 유물

관산성 전투

폐하! 신라와의 전쟁은 아니 되옵니다.

신라가 나제 동맹을 깨고 한강 유역을 빼앗긴 했사오나….

전쟁으로 인한 백성들의 고통을 헤아려 주옵소서.

깨어진 나제 동맹

나제 동맹은 장수왕의 남진을 막기 위해 433년에 신라와 백제가 맺은 군사 동맹이다. 551년, 신라와 백제 연합군은 고구려를 공격해 신라는 한강 상류를 백제는 한강 하류를 차지했으나, 553년에 진흥왕이 백제를 기습해 한강 하류를 빼앗아 나제 동맹은 깨지고 말았다.

여기는 어디지?

지금은 553년, 여기는 백제의 수도 *사비성이야.

너희는 태자 창의 하인이지!

하인?

백제 제26대 임금 성왕의 맏아들이야.

태자!

한강은 백제의 시조 온조 대왕께서 처음으로 나라를 연 곳이니,

반드시 되찾아야 하오.

한데 어떻게 이리 태평할 수 있단 말이오.

신라는 고구려가 쇠퇴하자, 직접 중국과 교통하기 위해 한강을

노리고 나제 동맹을 깬 것이오. 앞으로 신라는 점점 부강해질 텐데, 기다릴 수는 없소.

경들이 전쟁에 반대하는 것은 백성을 핑계로

편안히 지위를 누리려는 생각 때문이 아니오.

아, 아니옵니다. 어찌 신들의

충심을 몰라 주십니까!

*사비성 충남 부여.

당시 삼국의 상황

- 백제 : 538년, 성왕은 도읍을 사비성으로 옮기고 국호를 남부여로 바꿨다. 또한 통치 제도를 정비하여 왕권을 강화시키고 고구려 정벌을 준비해 왔다. 하지만 신라가 나제 동맹을 깨뜨리고 공격해 한강을 빼앗자 정벌 방향을 신라로 돌린다.

- 고구려 : 왕위를 둘러싼 왕족들의 치열한 다툼 뒤, 545년에 양원왕이 즉위했다. 551년엔 *돌궐의 침입을 물리치나 국력을 소모하게 되고, 또 신라와 백제 연합군에게 한강 유역을 빼앗겼다. 이처럼 당시 고구려는 남북으로 적국과 대치 상태였다.

- 신라 : 법흥왕 때에 율령 반포, 통치 체제 정비, 불교 공인, 금관가야 통합 등 국력이 크게 신장하였다. 이어 540년에 즉위한 진흥왕은 한강을 차지하는 등 삼국 통일의 기반을 닦았다. 이때 대가야는 신라의 정복 대상이 될 줄 알고 백제 편에 섰다.

*돌궐 터키계 유목 민족.

이때 성왕은 신라 진흥왕에게 공주를 시집보내고…

동맹을 이어 가길 바라고 계십니다.

대왕의 너그러움에 감동하였소.

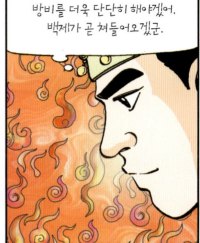

방비를 더욱 단단히 해야겠어. 백제가 곧 쳐들어오겠군.

폐하! 백제의 태자가 왜, 가야와 연합하여

!

3만의 군사로 직접 고구려로 진격했다 하옵니다.

우리 신라가 아닌 고구려를 공격하려 한다고?

용감한 백제의 군사들이여~!

공격하라!

와!

와!

와!

백제와 고구려의 백합야 전투는 백제의 승리로 끝이 났다.

좋아! 이제 고구려는 당분간 걱정하지 않아도 되겠군.

신라는 우리가 고구려 정벌에 힘을 쏟는 줄 알고 안심하고 있겠지.

이듬해인 554년, 태자 부여창은 신라를 공격했다.

뭣이! 백제와 대가야의 연합군이 침공했다고? 예상은 했지만 이렇게 빨리 쳐들어올 줄이야.

폐하, 적군의 진군로를 보면 *관산성을 노리고 있는 것이 분명합니다.

그럼 한강을 되찾기 위해 공격한 것이군.

*관산성 지금의 충북 옥천 지방.

폐하, 관산성이 무너지면 한강과 한성 지역도 위험하옵니다.

당장 한강 유역을 지키는 김무력 장군의 군대를 부르소서.

신라의 미래를 위해서는 한강을 지켜야 하니,

어차피 백제와의 일전은 피할 수 없는 상황이군.

우덕과 탐지 장군에게 군사를 주어 백제군을 막게 하고, 김무력 장군에게는 관산성을 지원하라 이르시오.

예.

진흥왕의 영토 확장

신라는 진흥왕 때 영토를 많이 넓혔다. 한강 유역의 땅을 점령해 신주를 설치하여 김무력을 *군주로 삼았고, 562년엔 대가야를 정복하여 낙동강 유역을 차지했다. 568년 경엔 함경남도의 함흥평야까지 진출하였다. 이리하여 신라는 진흥왕 때 삼국 경쟁에서 주도권을 잡게 되었다.

다음 목표는 신라와 한강 하류를 연결시켜 주는 저 관산성이다!

분명 신라군이 관산성으로 몰려올 것이니, 우리는 매복했다가 공격한다.

*군주 신라 시대의 지방 관직. 지방 행정 구역인 주의 장관.

이리하여 위덕과 탐지의 신라군은 백제군의 기습 공격으로 크게 패했다.

적군이다!

일단 삼년산성 쪽으로 후퇴하라!

태자님, 통쾌한 승리입니다.

숨 돌릴 틈 없다. 곧장 관산성을 공격한다.

백제군이 몰려 오고 있습니다.

모두 전투 태세를 갖춰라.

장군, 우덕과 탐지 장군이 이끄는 지원군은 벌써 퇴각했다 하옵니다.

이런, 일단 버텨야 한다!

백제군은 기세를 몰아 이내 관산성을 점령했다.

성문이 열렸다!

태자님의 지휘력은 정말 대단해.

곧 백제가 한강도 되찾고 신라까지 차지 하겠어.

곧 그렇게 되야겠지.

축자 국조님.

축자 국조님, 활 솜씨가 뛰어나다 들었어요.

저희에게도 활 쏘는 법을 가르쳐 주세요.

태자님 시중이나 잘 들거라.

요즘 몹시 지치신 것 같던데.

무슨 일이냐?

뭐 필요한 건 없으신지 여쭤 보러 왔습니다.

음, 가서 투구를 가져오너라.

태자님, 쉬시는 것이….

신라군이 왔다!

김무력의 원군이겠군. 생각보다 빨리 왔구나.

태자님, 신라군이 성을 에워쌌습니다.

반드시 관산성을 되찾아야 한다!

저번 신라군보다 많아 보이는데.

백제 놈들아, 어디 바위 맛 좀 봐라!

물러서지 말고 공격하라.

으악!

어휴, 저놈들은 볼일도 안 보나? 쉬지도 않네.

장군, 시간이 지날수록 전세가 유리해지고 있습니다.

이제 시작이니 더욱 병사들을 독려하게.

김무력

금관가야의 마지막 왕인 구형왕의 셋째 아들로, 532년 금관가야가 신라에 병합될 때 부모 형제들과 신라에 항복했다. 이후 그의 가족은 진골 귀족이 되었고, 그는 한강 유역을 차지할 때 공을 세워 신주의 군주로 임명되었다. 또한 관산성 전투에서 백제군을 격파할 때도 공을 세웠다. 아들 김서현은 대량주 도독을 지냈고, 삼국 통일에 앞장선 김유신이 손자이며, 손녀 문희는 무열왕의 왕비가 되었다.

이후 백제군과 신라군은 관산성을 놓고
치열한 싸움을 벌였다.

북쪽 성벽이 일부
무너졌다 하옵니다.

어서
목책을
세워….

태자님!

한편 성왕은 백제군을 격려하기 위해 50여 명의 군사를 이끌고 관산성으로 향했는데….

이 싸움에서
지면 귀족들의
반발이 크겠지.

성왕은 구천에서 신라 복병의 공격을 받아 전사하고 말았다.

군사를 정비하라! 내 당장 신라군을 치러 나갈 것이다.

태자님!

안 돼요, 진정하세요.

백제군은 성 밖으로 나가 신라군을 공격했다.

모두 나가 대왕의 원수를 갚자!

신라군이 도망간다. 끝까지 쫓아가서

모조리 목을 베어라!

그러나 김무력의 신라군은 싸우지 않고 후퇴했는데….

따라와 보시지.

아마 후회할걸?

어서 달려라! 적들이 바로 코앞에 있다.

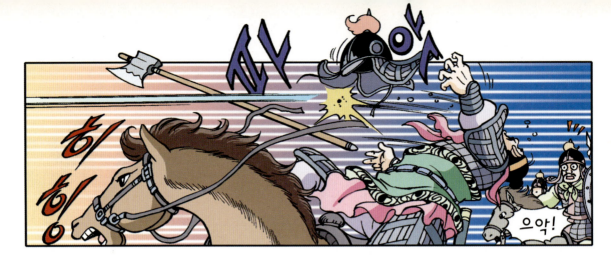

부여창은 축자 국조의 도움으로 간신히
탈출했으나,

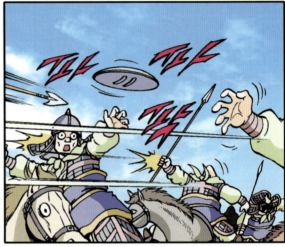

백제는 관산성 전투에서 성왕을 비롯해 *좌평 4명과 약 3만 명의 군사를 잃으며 대패했다.

크으흑…!
살고자 도망치는 내가
부끄럽도다.

아, 이제 한강
유역을 되찾기는
힘들겠구나!

*좌평 백제 때에 둔 16관등 가운데 첫째 등급.

뭐 하고 있어? 백제가 졌는데.

그, 그럼 태자님은?

무사해.

하지만 성왕의 죽음과 전쟁의 패배로 어려움을 겪게 돼.

만약 백제가 이겼다면 역사도 바뀌었겠지?

태자 부여창은 백제 제27대 위덕왕으로 왕위에 오르나, 이후 백제는 왕권이 약해졌다.

그러게 전쟁은 왜 해서!

…·

또한 백제를 도왔던 대가야는 국력이 약해지다가 8년 후엔 신라에 멸망한다.

가야도 끝이구나.

반면 신라는 경기도의 당항성에서 서해 바닷길로 중국과 직접 교류하면서 국력을 더욱 키웠다.

드디어 신라의 시대가 왔다.

고구려를 공격해 영토를 넓히자.

진흥왕

진흥왕 때의 삼국의 지도

고구려

동해

황해

신라

금성

백제

전쟁에서 이겼으니 이 성을 점령하러 오는 거야.

이제 우리는 어떡해?

어떡하긴, 빨리 달아나야지!

빠앙

눈 꼭 감아! 이번엔 고구려 전쟁터로 가 보자고.

나제 동맹은 왜 깨졌을까? ▼

나제 동맹은 왜 깨졌을까?

나제 동맹은 삼국 시대 때 신라와 백제가 남쪽으로 진출하려는 고구려를 막기 위해 체결한 군사 동맹입니다. 고구려의 장수왕이 427년에 평양으로 수도를 옮기고 남진 정책을 추진하자, 이에 위협을 느낀 신라와 백제는 433년에 나제 동맹을 맺었습니다.

475년, 장수왕은 백제를 침공해 수도인 한성을 점령하고 개로왕을 죽이고 한강 유역을 차지했습니다. 이때 신라는 백제에 1만 명의 군사를 보내 주었습니다. 481년, 고구려가 신라를 침입했을 때에는 백제가 신라를 도와 고구려군을 물리쳤습니다. 그리고 551년에는 백제와 신라가 함께 고구려를 공격하여 한강 상류는 신라가 하류는 백제가 차지했습니다. 그러나 신라의 진흥왕은 한강 상류 지역을 차지한 것에 만족할 수 없었습니다. 고구려를 거치지 않고

북한산 신라 진흥왕 순수비, 국보 제3호(국립중앙박물관)

중국과 직접 교통하기 위해서는 서해 바다로 이어진 한강 하류 지역이 꼭 필요했던 것입니다.

결국 진흥왕은 백제와의 의리보다 신라의 미래를 우선으로 생각해 120여 년간 계속되었던 나제 동맹을 깨고 백제를 공격했습니다. 그리고 전투에서 승리하여 한강 유역을 모두 차지했습니다. 이후 신라는 삼국의 경쟁에서 주도권을 잡게 되고, 서해 바닷길로 중국과 교류하면서 삼국 통일의 기반을 다질 수 있었습니다.

한강, 한강의 현재 모습.

신라 진흥왕릉, 사적 제177호(경북 경주시 서악동)

신라의 발전에 기여한 가야인

가야는 백제와 신라의 틈바구니에 끼어 발전하지 못하다 결국 신라에 멸망했습니다. 금관가야는 532년에 법흥왕에게, 대가야는 562년에 진흥왕에게 병합되었습니다. 이후 가야 출신들은 신라의 역사와 문화 발전에 큰 영향을 끼쳤습니다. 가야의 가야금과 가야금 곡이 우륵에 의해 신라에 전해져 신라의 궁정 음악을 연주하는 악기로 채택되었고, 또 금관가야 왕족의 후예

가야금

들은 신라의 귀족으로 받아들여져 신라가 삼국을 통일하는 데 크게 기여했습니다.

신라 진흥왕 때의 김무력 장군은 금관가야의 마지막 왕인 구형왕의 셋째 아들이었습니다. 김무력은 554년, 백제와의 관산성 전투에서 백제 성왕을 죽이는 대승을 이끌어 냈습니다. 이리하여 신라는 한강 유역에 대한 안정적인 지배권을 확보할 수 있었고, 또한 가야의 나머지 세력을 병합할 수 있는 발판을 마련했던 것입니다.

한편 김무력의 아들 김서현은 백제, 고구려와의 전쟁에서 공을 세웠으며, 손자인 김유신과 김흠순은 신라가 삼국을 통일하는 데 앞장서 이루어 냈습니다. 또한 손녀 문희는 무열왕의 왕비가 되어 삼국 통일을 이룬 문무왕을 낳았습니다. 이처럼 가야는 멸망했지만 후손들은 신라의 역사 발전에 크게 기여했습니다.

청동 호형 대구, 가야의 청동 허리띠 걸쇠.

난 이제 왕자가 아니라 신라의 장군이다!

가야의 긴목항아리와 굽다리 접시

안시성 전투

618년, 중국에서는 수나라가 멸망하고 당나라가 세워졌다. 그리고 당의 제2대 황제 태종은 645년에 직접 10만 대군을 이끌고 고구려를 침공했다.

대외적으로는 연개소문이 영류왕을 죽인 것을 벌주기 위해 가는 것으로 하자.

고구려는 수나라와의 오랜 전쟁으로 국력이 약해졌어. 반드시 고구려를 정복하고 연개소문도 무릎 꿇게 하리라.

당나라의 침략

당나라와 고구려는 처음에는 화친하였다. 그러나 중국을 통일한 태종은 고구려 정벌에 실패한 수나라의 원수를 갚기 위해 침공 기회를 엿보고 있었다. 그러던 차에 영류왕을 죽이고 정권을 잡은 연개소문이 자신이 보낸 사신을 가두자, 고구려 정벌에 나섰던 것이다.

*이세적은 육군 6만여 명을 이끌고 요동으로 쳐들어왔고,

물러서는 자에게는 죽음이 있을 뿐이다!

장량은 수군 4만여 명을 전함 5백여 척에 나눠 싣고 비사성으로 향했다.

비사성을 함락하고 폐하가 계시는 요동으로 진격한다.

*이세적 중국 통일과 돌궐 정복에 공을 세운 당의 장수로 이름은 이적이라고도 함.

여긴 어디지?

고구려의 안시성! 지금 당나라의 공격에 대비하고 있는 거야.

청야수성 작전이야.

어떤 대비?

적국의 병사들이 고구려 땅에서

식량을 구할 수 없도록 성 밖의 곡식을 성안으로 운반하고,

들판을 불사르고 우물을 메운 후 백성들 모두 성으로 들어가

성을 지키며 싸우던 전술이야. 안시성에는 약 10만 명이 있었어.

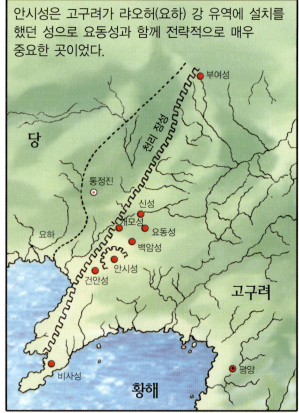

안시성은 고구려가 랴오허(요하) 강 유역에 설치를 했던 성으로 요동성과 함께 전략적으로 매우 중요한 곳이었다.

부여성

천리 장성

당

통정진

신성

해모성

요동성

요하

백암성

안시성

건안성

고구려

비사성

평양

황해

어서 도와야지. 거기서 뭐 하는 거야?

곧 당군이 몰려올 텐데.

예!

수나라가 고구려와의 전쟁으로 국력을 낭비해 망했다던데, 두고 보자!

이번 전쟁은 고구려, 백제, 신라 사이의

갈등에서 비롯됐어.

무슨 소리야?

642년에 고구려와 백제는 당나라와 신라를 견제하기 위해 동맹을 맺고 신라와 당나라의 교통로인 당항성을 공격했어.

백제

고구려

신라

당나라에 도움을 요청하자.

고구려와 백제가 우리 신라와 당나라의 교류를 막으려고 공격했습니다.

원병을…

고구려와 백제에게 경고할 것이니,

안심하고 돌아가라.

백제는 신라를 침공 말라는 당의 요구를 받아

들이지만, 고구려는 거절했어.

그래서 고구려를 쳐들어온 거구나.

침략 핑계인 셈이지.

전쟁의 원인이 여러 가지구나.

당나라의 침공 전에 고구려 조정은 당과 전쟁을 하자는 강경파와 전쟁은 피하자는 온건파로 나뉘어 대립했어.

지금은 국력도 약하고….

평화롭게 살고 싶어.

당나라가 쳐들어오기 전에 먼저 공격하여 힘을 과시해야 합니다.

강경파 온건파

흠, 연개소문 저자가 문제야.

결국 영류왕과 온건파 신하들은 강경파를 이끌던

연개소문을 없애기 위해 음모를 꾸미며.

연개소문과 천리 장성

영류왕은 연개소문을 천리 장성 감독관으로 임명하여 도성에서 쫓아낸 뒤 제거하려 했다. 642년, 이를 눈치챈 연개소문이 정변을 일으켜 영류왕을 죽이고 보장왕을 추대한 것이다. 천리 장성은 북쪽의 부여성에서 남쪽의 바닷가 비사성에 이르는 천 리에 걸친 장성으로, 63년부터 짓기 시작해 16년 만에 완성했다. 《삼국사기》엔 영류왕의 명으로 연개소문이 642년 1월부터 공사를 감독했다고 전한다.

그래서 어떻게 돼?

연개소문이 먼저 영류왕과 온건파를 처치하고,

슝

영류왕의 조카 장을 임금으로 추대했어.

그리고 자신은 *대막리지에 올랐지.

붕

저리 비켜라!

따가 따가 따가 따가

어머나!

으악!

왜 저러지?

전쟁 상황을 알리는 병사야. 느낌이 안 좋은데.

큰일 났습니다!

안시성.

*대막리지 정권과 병권을 함께 쥔 고구려 후기 최고의 관직.

안시성 성주는 어떤 자인가?

양만춘이란 자로 연개소문이 반란을 일으켰을 때에도 타협하지 않은

지략이 뛰어나고 용맹한 장수라 하옵니다.

연개소문에 버금가는 인물이옵니다.

음, 만만치 않겠군.

당 태종 이세민

당나라의 제2대 황제로 본명은 이세민이다. 당의 건립과 중국 통일에 가장 큰 공을 세우고도 형이 태자가 되자, 626년 형을 살해하고 아버지 고조의 양위를 받아 즉위했다. 이후 공정한 정치로 당나라를 크게 발전시켜 그가 다스린 시대를 '정관의 치'라고 부른다. 또한 학문을 좋아하여 직접 역사책을 편찬했으며, 서예에도 뛰어났다.

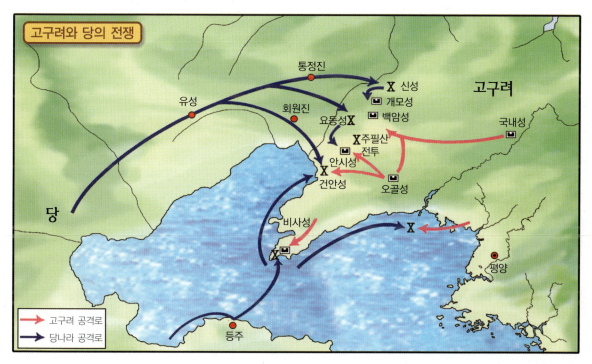

고구려와 당의 전쟁

통정진 · 신성 · 고구려 · 개모성 · 백암성 · 유성 · 회원진 · 요동성 · 국내성 · 주필산 전투 · 안시성 · 건안성 · 오골성 · 당 · 비사성 · 평양 · 등주

→ 고구려 공격로
→ 당나라 공격로

그럼 안시성을 우회하여 건안성을 먼저 공격하라.

폐하, 그리되면 안시성 군대가 후방을 공격할 가능성이 있고,

또한 보급로가 막힐 위험도 있습니다.

안시성을 먼저 공격해야 합니다.

보급로라…, 이세적 장군의 말이 옳다.

대신 시간이 흐를수록 원정군에 불리하니 신속히 함락시켜라.

*욕살 고구려 때 둔 지방 오부의 으뜸 벼슬.

한편 연개소문은 북부 *욕살 고연수와 남부 욕살 고혜진에게 15만 대군을 주어 안시성을 돕게 했다.

으하하! 당 태종도 우리 대군을 보면 놀라 도망칠 것이야.

양만춘 장군, 조금만 더 버티시오.

하지만 고구려군은 주필산에서 당 태종의 유인 작전에 휘말려 패했고, 고연수와 고혜진은 살아남은 3만 6,800명의 군사와 함께 항복하였다.

군사 수만 믿고 너무 방심했어…

이럴 수가!

15만 대군으로 패하다니!

양만춘!

더는 지원할 병사도 없지 않은가!

게다가 남쪽에선 신라가 공격하니.

아, 그대의 손에 우리 고구려의 운명이 달려 있소.

승리한 당나라군은 여세를 몰아 안시성을
겹겹이 포위하기 시작했다.

위기는 기회라고 했다.
적들은 그동안의 승리로
사기가 올라 있지만,

우리는 묵묵히 성을
지키며 더욱 적을 지치게
만들 것이다.

그럼 적들은 식량
부족과 추위로
후퇴할 거다.

전면전은 피하고 방어하며
기습 공격을 해서 적에게
혼란을 줘야 한다.

함성은 정해진 때에
한꺼번에 질러 지축을
흔들게 하고,

동시에 지쳐 있다는 것을
잊지 말아라. 적들은 빨리 전쟁을
끝내려 곧 총공격할 것이다.

또한 함성이 없을 때는
잠자듯 침묵하라!

당군은 항복한 고구려
군까지 합세해 그 수가
엄청 늘었어.

전쟁은 군사의 수가
많다고 이기는 게
아니래. 걱정 마.

병사들
밥 나르자.

기분 나쁘군.

포위된 성이 어찌 저리 조용한가?

성주는 들어라!

항복하지 않으면 성을 함락시켜 모두 산 채로 땅에 묻을 것이다.

…?

그대가 어리석은 당의 황제인가?

아니면 돌아가 황제에게 직접 오라 하라!

당나라군이 안시성을 공격하기 시작하자, 안시성의 백성과 병사들은 양만춘의 지휘하에 맞서 싸웠다.

이후 당나라군은 하루에 6, 7회씩 *포거와 *충거를 동원하여 안시성을 공격했다.

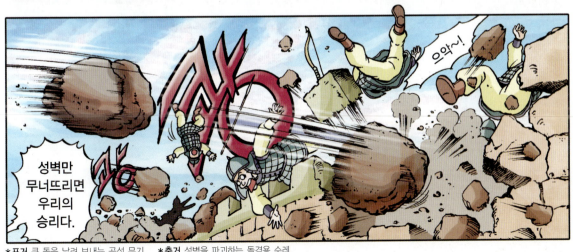

*포거 큰 돌을 날려 보내는 공성 무기.　*충거 성벽을 파괴하는 돌격용 수레.

그러나 고구려군은 성벽이 무너지면 재빨리 목책을
세워 방어하며 당군의 공격을 막아 냈다.

영차..
영차..
영차..

엄청 빠르다.

언제 다시
세웠지?

안 되겠다.
성벽을 부수는
것은 힘드니,

당장 저 성벽보다
높은 토산을 쌓아라!

당군이 흙으로
산을 쌓고 있어.

성을 내려다
보며 공격하려는
거야.

그래서 우리도
성벽보다 높게
흙을 쌓을 거래.

양만춘 장군님도
한 치도 물러서지
않으시네.

성이 높은 곳에
있어 우리가
더 유리해.

그래도 혹시
모르니 빨리
가서 돕자.

당 태종은 50만 명을 동원하여 60여 일 동안 쉬지 않고 토산을 쌓게 했다.

그런데 갑자기 토산 한쪽이 무너지면서 안시성 성벽을 덮쳐 성벽이 허물어졌다.

이때 고구려군은 재빨리 토산을 공격하여 빼앗았다.

그러자 당나라군은 3일 밤낮으로 공격했으나, 토산을 되찾지 못했다.

어서 *장안에 연락을….

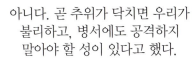

아니다. 곧 추위가 닥치면 우리가 불리하고, 병서에도 공격하지 말아야 할 성이 있다고 했다.

힉! 뭐야?

퇴각한다.

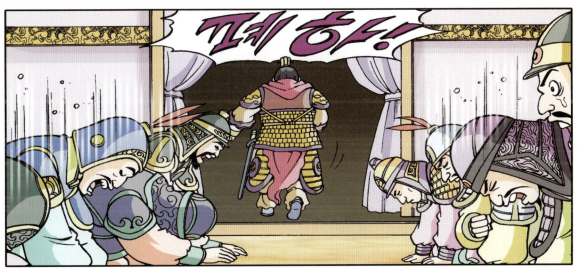

폐하!

우아, 이겼다! 당나라군이 물러나기 시작했대.

야호, 만세!

드디어 전쟁이 끝났구나.

*장안 당나라의 도읍. 중국 산시 성 시안 시.

결국 안시성 공격에 실패한 당 태종은 고구려 정벌을 포기하고 군사를 돌렸다. 한편 안시성 전투에서 당 태종이 눈에 화살을 맞았다는 이야기가 전해지고 있다.

양만춘, 정말 명장이로다.

....

아니, 전쟁에서 이겼는데 승리의 함성도 없네.

패자에 대한 양만춘 장군의 배려가 아닐까?

그런가.

당 태종은 양만춘 장군의 충성심과 용맹함에

감탄하여 비단 백 필을 주고 돌아갔어.

비파다!

하지만 이후에도 당 태종은 고구려를 몇 차례 더

공격하게 했는데 번번이 실패하고, 649년에 죽게 돼.

고구려는 역시 대단해!

양만춘 장군의 활약 덕이야.

맞아. 양만춘 장군이
안시성 전투를
승리로 이끌었기

때문에 고구려를
지킨 거니까.

그렇지!

장군께
가자!

직접 장군을
만나야겠어.

끝이어 안시성에서는 승리의 함성이 일제히 터져 나왔다.

안시성 성주, 양만춘

고구려 보장왕 때 안시성의 성주이다. 역사서엔
안시성 전투를 승리로 이끈 사람은 안시성 성주
라고만 기록되어 있다. 그러다 조선 시대에 송준
길의 《동춘당선생별집》과 박지원의 《열하일기》
에 의해 양만춘이라는 것이 밝혀졌다. 양만춘은
연개소문이 정변으로 정권을 장악했을 때, 연개
소문에게 복종하지 않았다. 이에 연개소문이 군
사를 이끌고 안시성을 공격했으나 함락시키지 못
하자, 그대로 안시성 성주로 임명했다고 한다.

살수 대첩과 황산벌 전투 ▼

수나라를 크게 이긴 살수 대첩 | 5천 명 대 5만 명, 황산벌 전투

수나라를 크게 이긴 살수 대첩

고구려 제26대 임금 영양왕 때, 수나라를 세운 문제는 오랜 분열과 혼란을 거듭해 온 중국을 통일했습니다. 문제는 나라가 안정되자 고구려를 넘보고 있었는데, 이를 눈치챈 고구려가 먼저 요서 지방을 공격하자 598년에 30만의 대군으로 고구려를 침공했습니다. 하지만 장마로 전염병이 퍼지고 고구려군에게 곳곳에서 패하자 돌아갔습니다. 이후 문제에 이어 왕위에 오른 양제는 612년에 113만 대군을 이끌고 또 고구려에 쳐들어왔습니다. 수나라군은 12개의 부대로 나뉘어 편성되었는데, 그 선발 부대부터 마지막 부대까지 출발하는

을지문덕 동상

데 40일이나 걸렸고 군사들의 행군 길이가 무려 960여 리(약 380킬로미터)였다고 합니다.

요동성 고구려군의 강력한 저항과 내호아가 이끌던 수군이 고구려 수군에게 참패하자, 초조

을밀대 (평양 중구역 경산동)

해진 양제는 우중문과 우문술 두 장수에게 30만의 군사를 주어 압록강을 건너 평양성을 치게 했습니다. 그러나 수나라군은 물자 부족으로 더 이상 진군하기 어려운 형편이었습니다. 이때 을지문덕 장군은 거짓 항복을 하여 수나라군을 평양성 30리 앞까지 깊숙이 유인했습니다. 뒤늦게 을지문덕 장군에게 속은 걸 안 우중문과 우문술은 앞뒤로 고구려군이 있고 군량마저 부족하자 철수하기 시작했습니다. 그러자 을지문덕 장군은 수나라군이 살수(지금의 청천강)를 건너고 있을 때 미리 매복시켜 놓았던 군사들로 공격해 대승을 거두었습니다. 이것이 살수 대첩으로, 이때 30만의 수나라 군사 중에서 겨우 2,700명만이 살아 돌아갔다고 합니다.

삼충사, 백제의 충신인 성충, 흥수, 계백의 충절을 기리기 위해 세운 사당(충남 부여군 부여읍)

5천 명 대 5만 명, 황산벌 전투

계백 장군 유적 전승지, 계백 장군의 무덤으로 추정되는 곳(충남 논산시 부적면)

7세기 중반 들어 백제의 의자왕은 계속 신라를 공격했습니다. 그러자 신라의 무열왕은 당나라에 함께 백제를 치자고 요청했습니다. 660년, 당나라의 고종은 소정방이 이끄는 13만의 군사를 보내 신라군과 연합하여 백제를 공격하게 했습니다. 하지만 이때 백제는 이처럼 많은 적군을 막을 힘이 없었고, 또한 의자왕이 사치와 방탕에 빠져 나랏일을 돌보지 않고 있는 상황이었습니다. 결국 백제군은 모두 패했고, 계백 장군만이 5천 명의 결사대를 이끌고 신라군에 맞서게 되었습니다. 이때 계백 장군은 "살아서 노예가 되느니 차라리 죽는 것이 낫다."라며 아내와 자식을 자신의 손으로 죽이고 전쟁터로 나갔습니다.

김유신 묘, 사적 제21호(경북 경주시 충효동)

계백 장군은 5천 명의 군사를 이끌고 신라의 김유신 장군이 이끄는 5만 명의 군사와 황산벌에서 치열한 전투를 벌였습니다. 가족까지 죽일 만큼 결사적인 각오로 전쟁터에 나간 계백과 백제군 결사대는 5만 명의 신라군에 맞서 네 차례나 싸워 모두 승리했습니다. 하지만 수적으로 불리했던 백제군은 결국 크게 패하였고 계백 장군도 전사하고 말았습니다.

우리 일당백이니 붙어 보자!

지금 5만 명한테 덤비겠단 거냐?

계백

김유신

귀주 대첩

현종 때인 1018년, 여기는 압록강 남쪽 *흥화진이야.

고려는 거란의 침공에 대비하고 있지.

고구려에서 고려 시대로 시간 이동한 거네.

병사복은 너무 추워.

거란이 침략을?

요를 세운 거란

거란은 5세기 무렵부터 북중국과 만주 일대에 살던 유목 민족이다. 916년에 야율아보기가 여러 부족을 통합한 다음 거란을 세웠다. 그 후 926년에 발해를 멸망시켰으며, 국호를 요로 바꾸었다.

*흥화진 평안북도 의주군.

벌써 세 번째야.

세 차례씩이나!

앞의 두 전쟁은 이긴 거야?

이겼다고 볼 수는 없어.

왜 대체 우리나라를 자꾸 쳐들어 오는 거야!

처음에 거란은 고려와 친하게 지내려 했어.

하지만 발해를 멸망시키자 고려가 거란을 적대시했거든.

고려는 태조 왕건 때부터 거란을 멀리했어.

형제 나라 발해를 멸망시킨 거란은

이제부터 고려의 원수다!

942년, 거란은 고려에 낙타 50마리를 보내 화친을 제의해.

우리의 최종 목표인 송나라를 공략하려면,

남쪽의 고려와 친하게 지내야 해.

하지만 태조는 이를 단호히 거절했어.

거란의 사신은 섬에 귀양 보내고,

낙타는 만부교 아래 묶어 두어 굶겨 죽여라.

전쟁

107

이걸 만부교 사건이라고 하는데, 이후

두 나라는 멀어져.

전쟁은 피할 수 없는 건가 봐.

985년, 거란 성종.

고려를 정벌하려면 먼저 송나라와 손을 잡고

우리 대요에 대항하는 정안국부터 없애야 한다.

또 거란은 발해 유민이 세운 정안국을 멸망시켜.

이리하여 거란과 고려는 압록강을 사이에 두고 대치하게 돼.

거란

두고 봐라.

압록강

고려

야만족 주제에!

정안국

926년, 발해가 거란에 멸망한 뒤 왕족인 대씨들이 유민을 모아 압록강변에 발해를 다시 세웠다. 하지만 얼마 후 내분이 일어나 대씨를 몰아내고 열만화가 왕위에 오른 후 국호를 정안국이라 고쳤다. 정안국은 독자 연호를 사용했으며, 송나라와 밀접한 관계를 유지하면서 거란을 견제했다. 그러나 986년에 거란에 멸망했다.

993년, 거란의 소손녕이 80만 대군을 이끌고

침입해 와 고구려의 옛 땅을 내놓으라고 요구를 해.

그게 1차 침입이야?

거란군은 봉산을 거쳐 청천강 근처 안융진에서
고려군과 대치했어.

이때 서희는 항복에 반대하며 싸울 것을 주장했는데…

곧 서희는 소손녕과 만나 외교 담판을 벌였고, 오히려 압록강가의 땅을 고려 영토로 인정을 받아.

*서경 평양.

이때 소손녕은 압록강 동쪽 280리를

고려 땅으로 인정해 주게 돼.

이게 다 서희 대감 덕분이야.

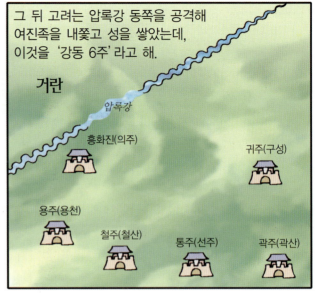

그 뒤 고려는 압록강 동쪽을 공격해 여진족을 내쫓고 성을 쌓았는데, 이것을 '강동 6주'라고 해.

거란

압록강

흥화진(의주)

귀주(구성)

용주(용천)

철주(철산)

통주(선주)

곽주(곽산)

햐, 대화로 80만 대군을 물리치고 땅도 차지했어!

그래서 펜은 칼보다 강하다는 거야.

다음 2차 침입은 강조의 정변을 빌미로 삼아,

1010년에 성종이 직접 40만 대군을 이끌고 쳐들어왔어.

강조?

강조의 정변

목종은 어머니 천추 태후의 *섭정을 받았다. 1009년, 천추 태후는 목종에게 자식이 없자 자신과 김치양 사이에서 낳은 아들로 왕위를 이으려 했다. 이에 목종은 *대량원군을 후계자로 삼고, 서경의 강조에게 대량원군을 보호하라 명령했다. 얼마 뒤 강조는 목종이 죽었다고 오해하여 군사를 끌고 왔으나 살아 있자, 반역자로 몰릴 것을 우려해 궁궐로 가 김치양을 몰아내고 대량원군을 임금으로 세웠다.

이때 강조는 거란에 맞서 힘껏 싸웠으나 사로잡히고, 거란의 신하가 되라는 요구를 거절하여 목숨을 잃어.

죽고 싶다면 죽여 주지.

장수는 항복하지 않는다.

*섭정 왕이 직접 통치할 수 없을 때에 왕을 대신하여 나라를 다스림.　　*대량원군 태조 왕건의 손자로 제8대 임금 현종.

이리하여 거란군은 고려의 도성 개경(개성)을 함락시켰고,

으하하!
개경을 점령했다.

현종은 전라도 나주까지 피난을 가.

양규 장군이
승리했다 하니
희망은 있어.

성종은 고려가 화친을 청하자, 현종이 거란으로 올 것과 강동 6주의 반환을 조건으로 돌아갔어.

고려 왕이 직접
와서 인사를 한다니
물러가겠다.

예…

일단 쫓아
내는 게 목적
인데, 무슨
말을 못하리!

약속을
지켜라.

그러나 퇴각하던 거란군은 구주 방면에서 양규와 김숙흥의 고려군에게 공격을 당해 큰 피해를 입게 돼.

이 고려 놈들,
두고 보자!

꼭 복수할
거다.

하하, 쌤통이다.
고려군 만세!

조용히 해.
여긴 고려의
작전 지역이야.

그럼 3차 침입은
1, 2차 때 당한 것을
갚기 위한 거구나?

게다가 약속을
안 지켰거든.

소배압이 10만의
군사를 이끌고,

지금 이곳
흥화진으로
오고 있어.

1차 80만, 2차 40만 명
이었는데, 이번엔
군사가 적네.

이유가
있지.

무슨 이유?

당시 거란의 상황

거란은 여러 해 동안 전쟁을 치러 동원할 병력 수가 그리
많지 않았다. 고려 외에도 송나라와 몽골 등과 전쟁을 벌
였고, 또 2차 침입 후에 고려 강동 6주 지역을 여러 차례
공격하다 실패하여 큰 피해를 입었다. 그래서 3차 침입 때
는 동원할 군사가 적을 수밖에 없었다. 하지만 고려가 1013
년부터 거란과 국교를 끊고 송나라와 교류하고, 강동 6주
를 반환하지 않자 1018년에 다시 쳐들어왔던 것이다.

그럼 고려는
얼마의 군사로
대비하고 있어?

총 20만 명이야. 사령관인 상원수엔 강감찬,

부사령관인 부원수엔 강민첨 장군이야.

혹시 귀주 대첩의 그 강감찬 장군이야?

그럼 우리가 귀주 대첩을 보는 거야?

곧 만나게 될 거야.

강감찬 장군님을?

너희는 누구냐?

앗!

?

아니, 이런 어린아이들까지 병사로 동원했단 말인가?

헤헤, 안녕하세요.

?

어리지 않아요. 용감하게 적군과 싸울 수 있어요.

복장을 보니 병정놀이하는 것은 아닌데….

여기서 뭐 하는 것이냐?

진짜 병사 맞아요.

저희는 강감찬 장군님을 만나러 왔어요.

장군님 좀 만나게 해 주세요.

!?

무언가 예사롭지 않은 아이들이군.

장군님, 거란군이

*삼교천 앞에 이르렀습니다.

즉시 상류에서 둑을 지키는 병사들에게

달려가 알리거라.

*삼교천 흥화진 성의 전면을 북에서 남으로 흐르는 하천.

꼭 적의 선봉대가 건넌 뒤에 둑을 터뜨려야 한다.

네!

들었어? 장군님이래.

설마 저 할아버지가?

그러고 보니 장군복을 입고 계시네.

강감찬 장군은 아닐 거야.

여기는 위험하니 날 따라오너라.

강감찬 장군은 왜 만나려는 거냐?

장군님, 그게요….

강감찬 장군님은 역사에 길이 남을 영웅이시거든요.

대체 뭔 소리야?

그, 그냥 유명하신 분이니까 만나고 싶다는 거예요.

저희는 강감찬 장군처럼 장수가 되는 게 소원이거든요.

…

내가 강감찬이다.

정말요?

장군님, 저희가 미처 몰라봬서 죄송해요.

괜찮으니 일어나렴.

여기는 위험한 전쟁터이니,

잠시도 내 곁을 벗어나지 말거라.

네~장군님♥

강감찬 장군님을 직접 보게 되다니, 가문의 영광이에요!

강감찬

고려 전기의 명신이자 명장이다. 983년 과거에 장원 급제하여 관직에 나갔다. 거란의 2차 침입 때는 항복을 반대하여 현종을 피난 가게 하고, 하공진을 적진에 보내 거란의 성종을 설득시켜 물러가게 했다. 거란의 3차 침입 때는 70세의 몸으로 상원수가 되어 흥화진과 귀주에서 거란을 크게 물리쳤다. 또한 도성의 수비를 위해 개경에 *나성을 쌓게 했다. *문하시중까지 지냈으며, 저서로는 《낙도교거집》과 《구선집》이 있으나 현재 전하지 않는다. 그가 태어난 곳은 서울 관악구 봉천동에 있는 낙성대이다.

근데요. 막아 놓은 둑을 터뜨린다고 하셨는데,

그럼 전쟁이 시작된 건가요?

*나성 안팎의 이중으로 된 성곽의 바깥 성벽. *문하시중 고려 시대에, 중서문하성의 종일품 으뜸 벼슬.

적들이 건널 때 일시에 물을 흘러내리게

하는 수공이죠.

근데 왜 적의 선봉대가 건넌 뒤에 둑을 터뜨려요?

건너기 전에 터뜨려야 물귀신을 만들죠.

이번 작전은 물의 힘으로 적을 죽이기 위한 공격이 아니라,

일단 혼란에 빠뜨리는 것이 목적이란다.

적의 선봉대를 왜 통과시키는지 알 것 같아.

?

그래야 적의 행렬을 끊을 수 있고, 선봉대는 건너편에 미리 숨겨 둔 우리 병사들이

공격하면 되거든. 그럼 적들은 사기도 잃고 혼란에 빠지게 되잖아.

그러네!

이 녀석들이 내 전술을 꿰뚫고 있구나!

거란군은 세 개의 부대로 나누어 진격해 왔다. 선봉대는 척후병을 포함하여 가볍게 무장한 기병과 보병이었고,

이어 식량과 말먹이를 약탈하는 일종의 보급 부대가 뒤따랐으며,

맨 뒤로는 정예 기병 부대가 있었다.

거란의 장수 소배압.

고려군은 지난번 처럼 *요새 중심으로 방어하며 공격하는 전술을 취할 것이다.

우리는 고려의 요새를 무시하고 곧장 개경을 향해 진격한다.

*요새 군사적으로 중요한 곳에 튼튼하게 만들어 놓은 방어 시설. 또는 그런 시설을 한 곳.

이번에야말로 1, 2차 때 고려에 속은 원수를 갚고, 반드시 강동 6주를 되찾을 것이다.

개경을 점령하면 속히 고려 왕부터 사로잡아야 한다. 그래야 항복을 받을 수 있다.

그러나 거란군은 진입로를 예측한 강감찬에 의해 흥화진에서 일차로 큰 타격을 받게 된다.

강감찬은 삼교천 상류에 쇠가죽을 이어 막아 놓은

에구, 물이 불어난다.

둑을 터뜨려 거란군의 행렬을 끊고,

사람 살려!

먼저 물을 건넌 선봉대는 미리 매복시켜 놓은 군사들에게 공격하게 하여 대승을 거두었다.

한 놈도 살려 두지 마라!

으악! 기습이다.

장군! 강민첨 장군의 매복군이 적의 선봉대를 전멸시켰습니다.

음!

강민첨 장군에게 계속 적의 뒤를 추격하라 이르라.

모든 게 장군님 뜻대로 되었어요.

이동 준비를 하거라.

서둘러라!

네!

어디로 가나요?

고려군은 계속 기습 작전을 쓸 것 같습니다.

이제 와서 작전을 바꿀 순 없다.

어차피 단시간에 끝낼 것이니 예정대로 개경으로 향한다.

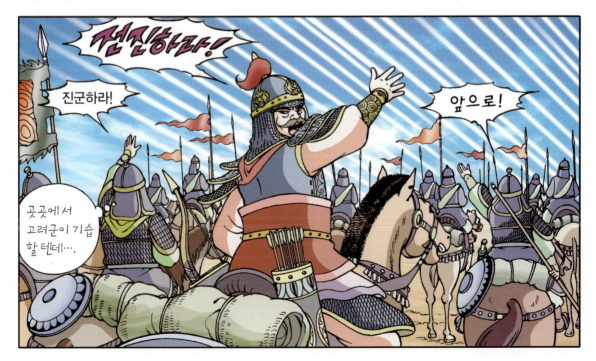

전진하라!

진군하라!

앞으로!

곳곳에서 고려군이 기습할 텐데….

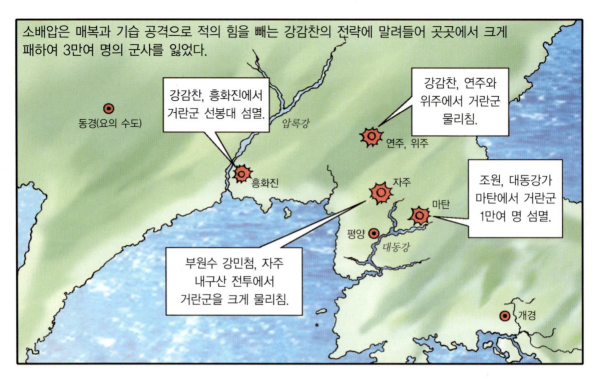

소배압은 매복과 기습 공격으로 적의 힘을 빼는 강감찬의 전략에 말려들어 곳곳에서 크게 패하여 3만여 명의 군사를 잃었다.

동경(요의 수도)

압록강

강감찬, 흥화진에서 거란군 선봉대 섬멸.

흥화진

강감찬, 연주와 위주에서 거란군 물리침.

연주, 위주

자주

마탄

조원, 대동강가 마탄에서 거란군 1만여 명 섬멸.

평양

대동강

부원수 강민첨, 자주 내구산 전투에서 거란군을 크게 물리침.

개경

특히 거란군은 대동강의 나루터 마탄에서 조원이 이끄는 고려군에게 1만여 명이 죽는 참패를 당했다.

하지만 소배압은 계속 남진하여 개경 100리 밖

이, 이럴 수가!

장군, 고려의 기병입니다.

황해도 신은현까지 이르렀으나, 김종현이 이끄는 고려군에게 막히게 되는데….

고려 병력이 주로 전방에 배치되어 개경은 경비가 허술할 줄 알았는데….

기다리고 있었다. 어서 오너라.

그동안의 막대한 피해에도 불구하고 한달음에 달려왔건만….

장군, 군량도 부족합니다.

마을을 약탈하라.

쌀 한 톨 남기지 않은 채 마을이 텅 비었습니다.

뭣이! 고려군에게 완전히 당했구나.

개경을 목표로 한 우리 전략에 대비하고 있었어.

으, 퇴로를 차단 당한 채 포위된 거야! 그렇다고 본국의 지원을 받을 수도 없는 상황이고….

철군 하시죠.

장군, 거란군이 퇴각하고 있다 하옵니다.

예상대로군.

와, 이겼다!

강감찬 장군님 만세!

그럼 즉시

전군에게 귀주로 집결하라 이르라.

예, 장군!

너희는 이제 안전한 개경으로 가 있어야겠다.

곧 큰 싸움이 있을 것이니, 여긴 위험해.

큰 싸움이요?

적이 물러가니 전쟁이 끝난 거 아닌가요?

다시는 거란이 침략할 엄두도 못 내게 철저히 쳐부술 거다.

124

결국 소배압은 군사를 돌려 북쪽으로 향했으나 뒤쫓는 고려군의 공격에 피해를 입었다.

아, 어찌 폐하를 뵌단 말인가!

대요의 장수로서 부끄럽구나.

장군, 고려군이

귀주에 모여 있습니다.

뭣이! 우리의 퇴로를 막았다는 것이냐?

강감찬이 우리와 끝까지 싸울 생각이군.

오히려 잘됐다. 우린 아직 7만의 군사가 있다!

어쩜 마지막 기회 일지도 몰라.

반드시 승리하여 돌아가리라!

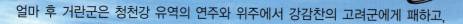
얼마 후 거란군은 청천강 유역의 연주와 위주에서 강감찬의 고려군에게 패하고,

이어 귀주에서 다시 강감찬과 김종현의 공격에 대패하여 달아나기 시작했다.

그러자 고려군은 석천을 지나 반령까지 추격하여 공격했고, 거란군은 겨우 수천 명만 살아 돌아갔다.
1019년, 귀주에서 거란군을 크게 무찌른 이 싸움이 귀주 대첩이다.

127

와~ 고려 만세~
강감찬 장군 만세~

빨리 영파역으로 가자.
강감찬 장군님이 곧
개선하신대.

우릴 보면
기뻐하실걸.

잠깐!

너희는 축하 분위기에
휩쓸릴 때가 아니지!

뭐야? 승전 축하
잔치를 연다는데
가 봐야지.

현종 임금도
강감찬 장군님을
마중나왔대.

그런 자리에
이 몸은 절대
빠질 수 없어.

장군님도 우릴
기다리실 거야.
말리지 마.

전쟁은 이게
끝이 아니야.

200년 후, 귀주의
귀주성에서 고려는
다시 큰 전쟁을
치르게 돼.

뭐! 거란이 또 쳐들어 오는 거야?

그땐 거란이 아니야.

그럼 이후 거란과 고려는 어떻게 되는데?

궁금해? 그럼 가 봐야지.

이리 와!

귀주 대첩 이후의 거란과 고려

거란은 30년에 걸친 고려와의 전쟁을 승리로 이끌지 못하자, 정복을 포기한다. 이리하여 고려는 강동 6주를 차지했고, 개경 외곽에 나성, 압록강 하구에서 동해안 도련포까지 천리 장성을 쌓아 국방을 튼튼히 했다. 이후 고려는 거란과 국교를 정상화하고, 거란의 연호를 써서 거란이 망하는 1125년까지 평화적인 관계를 유지했다. 이런 평화를 바탕으로 고려는 문종 때에 송나라와의 문화 교류를 통해 고려의 황금기를 이루게 된다.

아이고, 비파야! 갈 때 가더라도 잔치 음식은 먹고 가면 안 될까?

강감찬 장군님의 친필 사인도 받아야 한다고!

끼리끼…

아아아아아

고려가 되찾은 땅과 돌려준 땅 ▼

서희가 되찾은 강동 6주 | 여진족에게 돌려준 동북 9성

서희가 되찾은 강동 6주

강동 6주는 압록강 동쪽에 있는 흥화진, 귀주, 통주, 곽주, 철주, 용주 등 평안북도 지역을 말합니다. 이 지역엔 여진족이 살고 있었기 때문에 고려의 북진 정책에 늘 장애가 되었습니다. 그러던 차에 993년 거란의 침입 때 서희가 소손녕과 담판을 지어 압록강 농쪽 280리를 고려 땅으로 인정을 받았던 것입니다. 이후

서희 장군 묘 (경기 여주군 산북면)

서희는 994년부터 3년간 압록강 동쪽의 여진족을 내쫓는 데 앞장서고 장흥진·귀화진·곽주·귀주·흥화진 등에 강동 6주의 기초가 되는 성을 쌓았습니다. 이때부터 고려의 국경선이 압록강까지 이르게 됩니다. 하지만 고려가 약속을 어기고 송나라와 관계를 계속 유지하자, 거란은 여러 번 고려에 사신을 보내 송나라와의 국교 단절, 고려 임금의 거란 조정 회의 참여, 강동 6주의 반환 등을 요구하다 다시 고려를 침입했던 것입니다.

한편 서희는 개국 공신이자 종1품 내의령까지 지낸 서필의 아들로, 그 또한 장관인 내사령을 지냈습니다. 서희는 무신이 아니라 문신이며 뛰어난 외교가였습니다. 그는 소손녕과의 담판에서 보듯 국제 정세에 대한 감각이 뛰어나고, 용감하며 조리가 분명한 사람이었습니다. 그의 공이 얼마나 컸는지 제6대 임금 성종은 996년에 서희가 병으로 개국사에 머물자, 직접 행차하여 곡식 천 석을 시주하는 등 그의 병이 낫기를 빌었다고 합니다.

福川 徐熙先生

서희 장군 동상 (경기 이천시 관고동 설봉 공원)

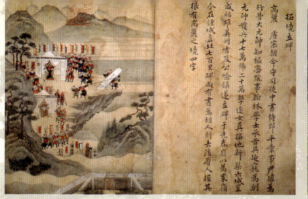

척경입비도, 윤관이 9성을 개척하고 비석을 세우는 장면을 그린 그림.
(사진 제공 : 고려대학교 박물관)

윤관 장군 묘, 사적 제323호(경기 파주시 광탄면)

여진족에게 돌려준 동북 9성

　윤관은 고려의 뛰어난 장군으로 알려져 있지만, 본래는 문신이었습니다. 그리고 일찍이 과거에 급제하여 벼슬을 하면서 외국에 자주 다녔기 때문에 외교에도 밝았습니다. 윤관은 중국에 머물 때 중국인들의 군대 훈련 방법 중 기병을 훈련시키는 방법을 눈여겨보았습니다.

　그러던 1104년, 여진족이 국경을 넘어와 함경도를 침입했습니다. 숙종은 두 차례에 걸쳐 임간과 윤관을 보내 막게 했으나, 군사의 대부분이 보병이었던 고려군은 기병 중심의 여진족에 패하고 말았습니다. 이때 윤관은 숙종에게 건의하여 기병 중심의 특별 군대인 별무반을 만들었습니다. 별무반은 신기군, 신보군, 항마군 세 부대로 이루어져 있었습니다. 신기군은 별무반의 핵심 부대로 전쟁터에 나갈 때 자기 소유의 말을 타는 기병이었기에 귀족처럼 부유한 사람이 많았습니다. 신보군은 걸어서 적과 싸우는 보병으로 과거를 보지 않은 20세 이상의 남자로, 항마군은 승려들로 구성되었습니다.

　윤관은 1107년(예종 2년)에 별무반을 이끌고 천리 장성을 넘어 여진족을 토벌한 뒤, 동북 지역에 함주, 영주, 웅주, 공험진, 길주, 복주 등 9성을 쌓았습니다. 하지만 이후 여진족은 계속 동북 9성을 공격하고, 조공을 바칠 테니 돌려 달라고 간청했습니다. 결국 고려는 9성을 유지하는 데에 많은 비용과 희생이 따르자, 1109년에 여진족에게 돌려주었습니다.

난 별무반 항마군이다. 얍!

윤관 장군 동상
(서울 중구 서소문 공원)

6 귀주성 전투

고종 때인 1225년, 고려에 왔던 사신 저고여가 귀국길에 살해당하자 몽골은 고려와의 외교 관계를 끊어 버렸다. 그러고는 1231년에 이 사건을 핑계 삼아 고려로 쳐들어왔다.

서북면 병마사 박서 장군이 지키고 있는

귀주성이야. 곧 이리 몽골군이 쳐들어올 거야.

몽골, 몽고 아닌가?

몽골은 용감한 전사라는 뜻이야. 하지만 중국인은 야만스런 사람이란 뜻에서 몽고족이라 불렀지.

아무튼 지금 몽골이든 몽고든 쳐들어왔단 거지?

몽골 제국

몽골 고원의 유목 민족인 몽골은 테무친에 의해서 통일되고, 1206년 테무친은 칭기즈 칸으로 추대되어 몽골 제국을 세웠다. 칭기즈 칸은 서하, 금나라 베이징, *호라즘을 정복하였다. 그 뒤 몽골은 금나라·페르시아·남러시아·헝가리 등을 점령하여 유라시아 대륙을 지배하는 세계 최대의 제국을 건설하였다. 이후 1271년 쿠빌라이 칸(세조)은 수도를 베이징으로 옮기고, 국호를 '원(元)'으로 정했다.

*호라즘 중앙아시아, 아무다리야 강 하류 지역에 있던 이슬람 왕국.

132

고려가 거란의 대군을 물리친 걸

모르나 봐. 머리가 이렇게 된 거 아냐?

거란은 벌써 망했고, 몽골은 거란보다 훨씬 큰 나라야.

몽골은 중국은 물론 아시아와 유럽 일부까지 정복했어.

유럽까지! 정말이야?

칭기즈 칸, 들어 봤지?

바로 그 위대한 영웅 칭기즈 칸이 세운 나라가 몽골 제국이야.

비켜라!

두두두 두두두두

으악! 뭐야?

정주성에서 김경손 장군이 온 거야.

정주, 삭주 등지의 장군과 수령들이 지금 귀주성으로 모이고 있어.

김경손?

도우러 왔나 봐.

몽골군이 그렇게 강한 거야?

압록강을 넘어온 몽골군은 순식간에 *함신진, 철주,

*안북부를 점령하고, 귀주성으로 오고 있는 거야.

근데 왜 침략했어?

몽골의 고려 침략 이유

1216년, 몽골의 공격으로 요동에서 쫓겨난 거란은 고려를 침략했다. 이때는 김취려 장군의 활약으로 물리쳤다. 그러나 거란은 다시 여진족과 쳐들어왔고, 개경 인근까지 이르렀다가 김취려와 조충의 고려군에 쫓겨 평안남도 강동성으로 들어갔다. 1219년, 고려는 몽골의 요청을 받아들여 몽골군과 함께 강동성을 공격해 거란의 항복을 받아 냈다. 그 뒤 몽골은 거란을 물리친 일을 내세워 고려와 수교를 맺고, 조공을 강요했다. 그러던 차에 몽골 사신 저고여가 압록강 근처에서 살해되자, 이것을 핑계로 살리타가 이끄는 몽골군이 침공한 것이다.

사신을 죽인 건 나쁜 거잖아. 먼저 고려가 잘못했네.

그건 고려와 몽골 사이를 갈라놓으려는 여진족의 짓이었어.

134

*함신진 지금의 평안북도 의주.   *안북부 지금의 평안북도 안주.

여진족은 누군데?

만주 동부에 살던 민족으로 거란의 지배를 받았었어.

그러다 1115년에 추장 아구다가 금나라를 세웠고, 1125년엔 거란까지 멸망시켰지.

이제 푹 쉬어!

여진에게 당하다니!

금

하지만 1234년에 금나라도 몽골에게 멸망하게 돼.

몽골

뻥!

까불지 마!

아이고!

성문을 닫아야 하니 빨리 오거라.

!

들어가자. 너희는 박서 장군의 하인이야.

또 하인 이야?

박서?

적이다!

몽골군이 나타났다.

장군, 적들이 순식간에 사방에서 성을 포위했습니다.

박서

당황하지 마라. 저것은 몽골군의 전술일 뿐이다.

몽골은 항복기가 걸리지 않은 성은 부대를 나눠 사방에서 빠르게

공격해 먼저 기선을 제압한 뒤 상대가 지칠 때쯤 총공격을 한다.

하지만 적의 공격 전술은 기병이 활발히 움직일 수 있는

평지에서만 큰 효과가 있다. 귀주성처럼 높은 곳에 있으면 통하지 않는다.

저 성을 지키는 박서란 자가 전술에 밝고

용맹하다고 했는가?

예!

좋다. 우리 몽골 제국 기병의 용맹함과 힘을 보여 주자.

항복하면 살려 주되 대항하면 모두 죽여라!

척 척 척 척 척 척

공격하라~!

동요 말고 자리를 지켜라!

박서

고려 후기의 무신이자 재상. 1231년 서북면 병마사로 있을 때 정주 분도장군 김경손, 삭주 분도장군 김중온 등과 1개월간 몽골군에 끝까지 맞서 싸워 귀주성을 지켜 냈다. 그 용맹함과 지혜에 몽골군도 놀랄 정도였다고 한다. 그 뒤 관직에서 물러나 고향인 죽산에 있다가 다시 종2품 문하평장사를 지냈다.

이때 김경손은 남문으로 공격하는 몽골군을 12명의 결사대와 함께 막아 내 성을 지켰다.

익! 우리 몽골 기병 보다 더 빠르다니…

놈들은 얼마 안 된다. 쳐라!

흠, 저자가 적장이군.

끽!

익!

자, 장군님!

어서 퇴각하라!

김경손

고려 후기의 장군. 몽골의 제1 차 침입 때 정주와 귀주에서 12명의 결사대를 이끌고 적을 물리치는 데 공을 세웠다. 1237 년엔 도적 이연년 일당을 소 탕하여 정3품 추밀원 부사에 올랐다. 이후 백성들이 그를 따르자, 권력자 최항이 시기하 여 백령도로 귀양 보낸 뒤, 1251년에 바다에 던져 죽였다.

전쟁

장군, 김경손 장군이 적의 장수를 죽였다고 합니다.

오, 과연 명장이야.

그래서 공격을 멈춘 거군.

우리 군의 사기가 올랐으니 다행이야.

장군님, 화살을 가져왔어요.

이 녀석들, 위험하니 올라오지 말라고 하지 않았느냐!

그게….

저러실 줄 알았어.

아야! 어차피 날아오는 돌덩이와 화살로 성안 어디도 안전하지 않다고요.

돌덩이에 맞아 죽느니 차라리 돕는 게 낫잖아요.

어, 몽골군이 모두 도망가고 없어요.

마루야, 저길 봐.

왜?

?

몽골은 1차 공격에 실패하자 사로잡은 위주 부사 박문창을 보내 항복을 권유했다.

목숨을 구하고자 오랑캐의 개가 되었더냐!

그러자 박서는 박문창의 목을 베어 성 밖으로 던져 버렸다.

윽!

아, 할 말이 없구나.

항복했다지만 같은 고려인을….

몽골군과 고려군 모두에게 항전 의지를 보여 주신 거야.

아까 들은 얘기인데 철주성을 지키던 판관 이희적은 몽골군과 끝까지 싸우다 스스로 목숨을 끊었대.

뭐? 그래도 자결은….

성을 점령한 몽골군은 성안의 백성은 물론 가축까지 모두 죽이고 성을 불태웠다고 들었어.

몽골의 군사들은 잔인하기로 유명해.

귀주성마저 함락될까 겁이 나.

아예 저항은 꿈도 못 꾸게 하려는 거구나.

고려 조정은 뭐하는 거야? 양식도 지원군도 안 보내 주고!

조정에는 아무것도 기대할 수 없어.

왕도 조정도 허수아비야.

비파, 그게 무슨 소리야?

60년 넘게 이어지고 있는

무신 정권으로 조정은 엉망진창이거든.

무신 정권?

고려의 무신 정권

제18대 임금 의종 때는 문신들에 비해 무신들은 상대적으로 지위가 낮았고, 차별을 받았다. 그러던 1170년, 의종의 보현원 행차 때 대장군 이소응이 젊은 문신 한 뢰에게 뺨을 맞는 일이 벌어졌다. 이에 분노한 무신 정중부와 이의방, 이고 등은 문신들을 죽인 뒤 의종을 폐하고 명종을 즉위시켰다. 이어 권력을 장악한 정중부는 무신 정권을 세웠으나 경대승에게 죽고, 경대승이 병사한 뒤엔 이의민을 거쳐 최충헌이 권력을 차지했다. 그 후로 최우, 최항, 최의 등 4대에 걸쳐 60여 년 동안 최씨 정권이 이어졌다.

지금 정권을 잡고 있는 최씨 집안은 권력 유지에만 혈안이 되어 있어.

이번 전쟁도 무신들이 정치를 잘못했기 때문에 일어난 거야.

아, 어쩌다 그런 일이!

살리타가 머무는 몽골군 진영.

뭣이, 박문창을 죽였다고?

네, 장군!

귀주성이 산악 지대에 있고, 고려군의 저항이 심해 시간이 걸릴 것 같습니다.

정예병을 결성해 성문 돌파를 시도하고, 공격을 늦추지 마라.

나는 귀주성을 돌아서 개경 쪽으로 향할 것이다.

적들이 다시 온다! 전투 태세를 갖춰라.

몽골군은 성문을 부수기 위해 방패차를 앞세워 돌진했다.

장군님, 방패차가!

두껍고 물을 먹여 불화살이 안 통하는구나.

이에 박서는 미리 준비해 둔 바위와 통나무를 굴리게 해 몽골군을 막아 냈다.

우르르르르

으악, 살려 줘!

쾅 쾅 쾅

또 몽골군이 땅굴을 파고 오면 쇳물을 부었고,

쳇!

으악!

성벽을 부수면 *검차로 막았다.

아이고!

*검차 칼, 창이 꽂힌 수레.

144

그리고 뚫린 성벽에 세운 목책에 기름불을 붙이면 물에 갠 진흙으로 끄고 쇠사슬로 막았으며,

메롱!

정말 독하다!

성문을 태우기 위해 불붙은 수레로 돌진해 오면 물을 쏟아 부었다.

아이고, 이젠 못하겠다.

저기 봐. 이번엔 진짜 물러가나 봐.

제발 그랬으면.

어?

?

병사들도 다 지쳤는데….

살리타는 1개월 동안 모든 방법을 동원하여 공격해도 귀주성을 함락시키지 못하자,

몽골군과 함께 관복을 입은 고려 사람이 오고 있어.

뭐?

고려 왕족인 회안공의 편지를 보내어 박서에게 항복을 권유했다.

왕족 말은 듣겠지.

이곳 사람들의 운명이 장군의 손에 달려 있소.

당장 성 밖으로 모셔라!

항복 안 하니 돌아가시오!

심부름한 건데….

빵

왠지 몽골군이 쉽게 물러날 것 같지 않아.

지금까지도 몽골의 공격을 물리쳤잖아. 걱정 마, 이길 거야.

그동안 여러 전투를 봤지만 몽골의 싸움 방법은 확연히 다른 것 같아.

맞아. 가장 눈에 띄는 게 빠른 기동력이야.

많은 군사로 정면에서 공격하는 게 아니라,

적은 인원으로 빠르게 공격하다 불리해지면 즉시 빠지고 있어.

머리를 쓰는 거네.

경제적이고 효과적인 싸움을 하는 거지.

그래서 오래 걸릴 수 있어.

적들이 또 오고 있다!

이번엔 또 어떤 방법으로 공격할까?

몽골군은 성벽에 오를 수 있도록 고안된 *운제를 동원해 공격해 왔다.

*운제 성을 공격할 때 사용하던 높은 사다리.

그러자 박서는 대우포라는 큰 칼을 만들어 운제를 깨뜨려 부수었다.

꺄악! 이번에도 실패구나.

만세~! 이겼다. 몽골군이 도망간다.

저 성을 공격 하느니 차라리 강시가 될래.

만세~ 만세~ 고려~ 박서 장군 만세~

엥!

히힝

그러나 살리타가 개경을 포위하자 조정은 몽골과 *강화를 맺고, 귀주성에 사람을 보내 어명을 전달했다.

대체 뭐지?

어명이다! 박서 장군은 들으라.

*강화 싸우던 두 편이 싸움을 그치고 평화로운 상태가 됨.

148

고려는 몽골과
강화를 맺어
항복했으니,

전투를 중지하고
즉시 항복하라.

장군, 조정이
어찌 이럴 수가
있습니까?

....

아, 나라를 지키려는 뜻이
하나같이 하늘에 닿아
작은 성을 피로써
높은 성으로 만들었건만
나약한 조정이 일시에
무너뜨리는구나!

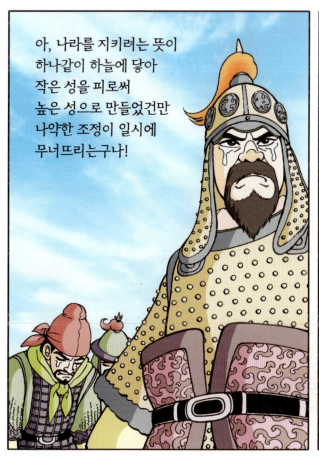

박서는 몇 번 항복을 거절했으나 왕명을
거역할 수 없어 성문을 열고 항복했다.

결국…

나는 어린 시절부터 천하 곳곳의 *공성전을 무수히 보았지만,

이처럼 지독한 공격을 받고도 항복하지 않은 성을 본 적이 없다.

이 성의 장수들은 훗날 *장상이 될 것이다.

안 돼요! 장군님.

오랑캐에게 무릎을 꿇지 마세요.

야!

!

안!

*공성전 성이나 요새를 빼앗기 위하여 벌이는 싸움.   *장상 장수와 재상을 아울러 이르는 말.

으아아악!
비파야, 뭐야?

끝났어. 결국 고려는 몽골에게 항복했잖아. 이제 다른 역사의 현장으로 가자.

아니야! 항복한 건 고려의 조정이지 박서 장군님과 귀주성 백성들은 아니라고.

맞아. 박서 장군님과 김경손 장군님은 고려의 영웅으로 역사에 기록될 거야.

와우, 제법인데!

내려 줘! 나 어지러워.

귀주성 전투 이후의 상황

살리타는 돌아가기 전에 고려에 다루가치라는 몽골 관리인 72명을 두고 돌아갔는데, 이들은 고려 정치에 일일이 간섭했다. 한편 몽골은 이후에도 여섯 차례나 더 고려에 쳐들어왔다. 몽골의 무리한 조공 요구에 고려 조정이 1232년에 강화도로 수도를 옮기자 제2차 침입을 해 왔고, 1235년에는 제3차 침입을 했다. 그 뒤 5년 동안 몽골군은 우리 강산을 무참히 짓밟았다. 그리고 1247년에 제4차 침입, 1253년에 제5차 침입, 1254년에 제6차 침입, 1257년에 제7차 침입을 했다.

몽골의 침입과 항쟁 ▼

고려는 왜 수도를 강화도로 옮겼을까? | 처인성 전투

고려는 왜 수도를 강화도로 옮겼을까?

강화산성, 사적 제132호

고려는 1231년에 몽골의 1차 침략을 받고 큰 피해를 입었습니다. 그러자 이듬해에 몽골의 재침입에 대비하기 위해 수도를 개경에서 강화도로 옮겼습니다. 그런데 왜 고려는 수도를 강화도로 옮긴 걸까요? 그 이유는 몽골군이 해전에 약할 것으로 짐작했고, 강화도 앞바다는 밀물과 썰물의 차이가 커 적이 침입하기 어려웠기 때문입니다. 그리고 또 뱃길을 통해 각 지방의 세금을 걷거나 필요한 물건을 얻기에 편리한 곳이었기 때문입니다.

몽골 족은 넓은 초원에서 양을 키우며 떠돌아다니던 유목민이었습니다. 그러다가 칭기즈 칸이 등장해 몽골 족을 통일하고 그들의 지도자로 나서면서 세력을 확장해 유라시아 대륙을 지배하는 대제국을 건설했습니다. 대제국을 건설한 몽골 족의 강한 전투력은 기병에서 나왔습니다. 산을 찾아볼 수 없는 드넓은 초원에서 말을 달리며 사는 몽골 족은 말을 다루는 기술이 매우 뛰어났습니다. 그렇기 때문에 기병으로서 그들의 전투력은 세계 최고 수준이었습니다. 그러나 그들은 바다를 접해 본 적이 없었기 때문에 바다에서 벌어지는 전투에는 약할 수밖에 없었습니다. 고려는 몽골군의 이런 약점을 이용하려고 수도를 강화도로 옮겼습니다. 하지만 1270년, 개경으로 다시 수도를 옮기면서 결국에는 몽골군에게 항복하고 말았습니다.

강화 선원사지, 사적 제259호

강화 고려궁지, 사적 제133호

처인성 전투

몽골군이 고려를 침략했을 때, 고려는 무신 정권 시기로 혼란기였습니다. 이런 상황에서 고려 조정이 강화도로 옮겨 가자 육지에서의 싸움은 힘들 수밖에 없었습니다. 이때 고려가 몽골에 40여 년간이나 대항할 수 있었던 것은 농민, 천민, 노비 등 백성들이 힘을 보탰기 때문입니다. 그중 대표적인 것이 처인성 전투입니다.

1232년, 고려가 강화도로 수도를 옮기자 몽골은 제2차 침입을 했습니다. 살리타가 이끄는 몽골군은 개경과 한양을 거쳐 오늘날의 경기도 용인 지역인 처인성을 공격해 왔습니다. 당시 처인성은 특수한 지방 행정 단위인 부곡으로, 짐승을 기르거나 수공업을 하는 천민들이 사는 곳이었습니다. 이때 처인성은 승려 김윤후와 백성들이 지키고 있었습니다. 백성들은 김윤후의 지휘 아래 똘똘 뭉쳐 몽골군에 맞서 싸웠습니다. 김윤후가 활을 쏘아 살리타를 죽이자, 전세는 고려군 쪽으로 기울었고 결국 몽골군은 물러갔습니다. 이 전투의 승리로 처인 부곡은 처인현으로 승격되었고, 김윤후는 섭랑장이란 벼슬을 받았습니다.

한편 1235년 몽골의 3차 침입 때 몽골군은 5년 동안 우리 강산을 짓밟으며 잔인하게 수많은 백성들을 죽였습니다. 또한 이때 몽골군은 경주까지 내려가 황룡사에 불을 질러 소중한 우리 문화유산인 황룡사 9층 목탑, 황룡사 장륙 존상 등이 불타 사라지고 말았습니다.

처인성 (경기 용인시 남사면)

황룡사지, 사적 제6호(경북 경주시 구황동)

처인성 승첩 기념비 (경기 용인시 남사면)

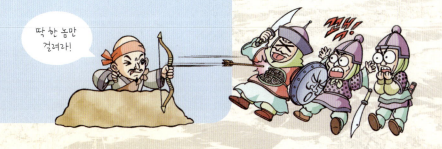

딱 한 놈만 걸려라!

꺽!

*진포 지금의 전북 군산과 충남 서천 지역인 금강 하구.

154

1270년부터 80여 년간 고려를 간섭하던 몽골

원나라도 1368년, 명나라가 건국 되면서 멸망해.

지금은 명나라가 중국을 지배 하고 있어.

그럼 이번엔 명나라와 전쟁하는 거야?

왜구다!

왜구?

왜구라면 일본 해적인데.

왜구가 나타났다!

아이코!

저기 오는 게 다 해적이야?

저들은 단순히 약탈을 일삼던 왜구가 아냐.

지금은 고려는 물론 일본, 중국, 동남 아시아까지

진출하여 위협하는 대규모 해적 집단이야.

그럼 국제 해적이네!

어쩐지 배가 엄청 많았어.

?

특히 이번에 침략한 아지발도가 대장인 왜구들은

전문적인 훈련과 지휘 체계를 갖춘 집단이야.

이번엔 일본이군!

어휴, 고려는 잠시도 조용할 날이 없네.

전하! 서해안에 엄청난 규모의 왜구가 출몰했다 하옵니다.

어느 정도이기에 이 난리인가?

왜구의 고려 침입

고려 때 왜구가 처음 침입한 것은 고종 때인 1223년이었다. 초기에는 배 2척인 도적에 불과했다. 그러나 1350년 충정왕 때부터 본격적으로 침입하더니, 공민왕 때는 115회, 우왕 때는 378회나 침입을 했다. 특히 바닷가뿐 아니라 내륙까지 침범하여 피해가 엄청 컸다. 1376년엔 왜구가 침입하여 공주가 함락되기도 했으나 최영이 *홍산에서 크게 물리쳤다.(홍산 대첩) 1380년에 진포로 침입한 왜구는 5백 척의 함선에 약 1만 명으로 대규모였다.

*홍산 충청남도 부여 지역.

최영 장군의 의견을 듣고 싶소.

이번 왜구는 훈련된 군사 집단이옵니다. 모든 군사를 동원하여 반드시 섬멸해야 합니다.

전하, 왜구들이 타고 온 배를 먼저 없애 퇴로를 차단해야 하옵니다.

최무선

신이 *화통도감에서 만든 화약 무기로 함선을 격파하면, 쉽게 왜구를 물리칠 수 있습니다.

좋소. 심덕부를 도원수, 나세를 상원수, 최무선을 부원수로 임명하노라.

*화통도감 고려 우왕 때인 1337년에 설치한 화약과 화기 제조를 맡은 임시 관청.　*조창 고려, 조선 시대 때 나라의 곡식을 쌓아 두던 창고.

이리하여 고려군은 왜구를 소탕하기 위해 100여 척의 함선에 화약 무기를 싣고 진포로 향했다.

왜구가 진포의 *조창을 털 때를 기다렸다가 공격하는 것이 어떻겠소?

좋은 생각입니다. 일부 왜구들이 상륙한 뒤 공격하면 더 유리할 것 같습니다.

비파, 어디 있니? 우린 이제 어떻게 되는 거야?

고려군 한 명 보이지도 않고 뭔가 이상해.

야! 마루 너 때문에

급히 오느라 역할 생각도 못했잖아.

뭐야?

비파, 조정은 뭘 하기에

아직 군사도 안 보내는 거야?

당시 고려의 상황

이즈음 고려는 오랫동안 원나라의 간섭기를 거치면서 지배층이 부정부패한 상태였고, 개혁 정치를 펴던 공민왕이 죽고 어린 우왕이 즉위한 시기였다. 게다가 왜구의 침입 외에도 1359년과 1361년엔 *홍건적의 침입으로 서경과 개경이 함락되는 등 큰 피해를 입었다. 한편 고려는 1274년과 1281년에 원나라와 연합하여 2차에 걸쳐 일본 원정에 나섰다가 모두 실패했다. 이때 많은 함선과 선박 기술자, 군사를 잃어 버려 계속 수군은 어려운 형편이었다.

으악! 뭐, 뭐야?

드디어 최무선의 화포 공격이

시작 되었군.

*홍건적 원나라 말기 백련교도 중심의 한족 농민 반란군.

*주화 고려 후기에 최무선이 만든 로켓 무기.

당시 왜구들은 함선에서의 화포와 주화 공격을 전혀 예상하지 못했다. 그럴 수밖에 없던 것이 해전에서의 화포 사용은 서양보다 무려 200년이나 앞서는 것이었다.

안 되겠다. 밧줄을 끊어라!

살고 싶으면 밧줄 끊을 시간에 도망가야지.

적함 5백 척을 순식간에 불바다로 만들다니! 장군, 정말 대단하오.

과찬이십니다. 이제 상륙한 왜구를 소탕해야지요.

최무선

고려 말의 무신이자 무기 발명가. 왜구의 침입을 막기 위해 화약을 연구하다 원나라의 이원에게 염초 제조법을 배워 우리나라 최초로 화약을 만들었다. 이어 조정에 건의하여 화통도감을 설치한 뒤 화포, 화통, 주화 등 화약 무기를 개발했다. 진포 해전에서 왜선 5백 척을 격파하는 큰 공을 세웠다. 아들 최해산에게 화약 제조 기술을 전수했으며, 저서로 《화약수련법》이 있으나 전하지 않는다.

크윽! 고려에 저런 신무기가 있을 줄이야.

돌아갈 배 한 척도 안 남다니…!

고려 만세!

최무선 파이팅!

우리 조상님들이 자랑스러워.

이 싸움을 진포 해전, 또는 진포 대첩이라 불러. 조선 건국 후 태종은 최무선의 공을 높이 사 아들 최해산을 등용해.

그렇구나. 근데 상륙한 왜구들은 어떻게 돼?

궁금하면 왜구 대장 아지발도를 만나 봐. 안녕!

고려의 꼬마 녀석들이군.

으아앗, 왜구다!

당장 거기 서라!

분풀이나 해야겠다.

제발 살려 주세요.

우린 아무 짓도 안했스므니다. 이 시대 사람도 아니므니다.

엥! 우리 말을 하네.

대장에게 데려가자.

모두 나를 믿고 따르라! 우리는 반드시 돌아갈 것이며,

빈손으로 가지 않을 것이다.

쳇! 배도 없는데! 어떻게 간다는 거야?

그래도 난 대장을 믿어.

대장님, 꼬마들이 우리말을

할 줄 알아 데려왔습니다.

그거 잘됐구나. 통역을 시킬 것이니

도망가지 못 하게 감시 하거라!

이후 왜구들은 옥천 방면으로 달아나 영동, 상주 등지에서 약탈을 일삼았다.

우르르르르..

이어 지리산 근처 함양으로 이동하여 추격해 온 고려군과 싸워 5백 명을 전사시켰다.

까악...

까악

그리고 왜구들은 남원으로 가 운봉현을 불태우고 개경으로 향하겠다고 조정을 위협했다.

운봉

내 말을 잘 전하거라.

네.

저 아이는 고려 사람 같은데.

풀어 줄 테니 조정에 즉시 자기 뜻을 전하래요.

돌아갈 배와 곡물을 내주지 않으면 개경을 치겠다고요.

어린 나이에 왜국 말을 할 줄 알고 참으로 신통하구나.

그, 그게 비파의 장난 때문이에요.

비파…? 어쨌든 꼭 전하겠다고 하거라.

대장님, 그리 한다 하므니다.

좋다. 저자를 보내 주거라.

고려 조정이 겁을 먹고

내 요구를 들어주겠지.

너 나중에 통역관 해라.

지금은 사관 학교에 가 군인이 되고 싶어.

뭐라고?

글쎄?

미소야, 나랑 같이 안 갈래?

전하, 저들의 요구를 들어주면 군비를 갖춘 뒤 다시 쳐들어올 것입니다.

이번 기회에 왜구를 섬멸해야 하옵니다.

그러자 고려 조정은 이성계를 삼도 도순찰사에 임명하여 왜구를 토벌하게 했다.

운봉현이 코앞에 있다. 전열을 재정비하라.

전열을 정비하라!

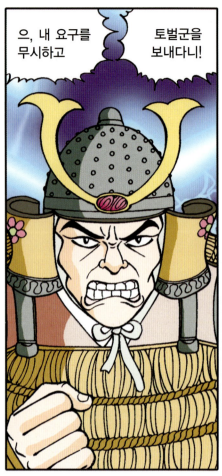

으, 내 요구를 무시하고

토벌군을 보내다니!

지금 당장 *황산으로 이동하여

산악전으로 맞선다.

또 최무선 장군님이 오는 걸까?

글쎄?

이성계

어려서부터 용감했으며 특히 활을 잘 쏘았다. 1356년, 아버지가 원나라의 쌍성총관부 천호로 있을 때 함께 고려군과 원나라 세력을 내쫓았다. 1361년엔 홍건적의 침입 때 개경 탈환에 공을 세웠으며, 1362년엔 원나라 장수 나하추가 쳐들어오자 동북면 병마사에 임명되어 물리쳤다. 이후 여러 차례 여진족과 왜구를 크게 무찔러 이름을 널리 떨쳤다. 그러던 1388년, 요동을 정벌하라는 명을 받고 진군했으나 위화도에서 회군하여 최영을 몰아내고 권력을 잡았다. 그리고 정도전, 남은, 조준 등과 손을 잡고 1392년에 공양왕을 폐위시킨 뒤 즉위하여 조선을 건국했다.

*황산 전북 남원의 지리산 부근.

아지발도는 황산 정상에 목책을 설치하는 등 고려 토벌군과의 싸움에 대비했다.

삼면이 절벽이라 공격하기가 쉽지 않겠습니다.

방어에는 유리하나 포위되지 않았는가!

병법을 모르는 자들이다. 공격하라.

예!

이성계

고려군이 쳐들어온다. 뜨거운 맛을 보여 줘라!

왜구는 불을 붙인 나뭇가지나 통나무, 바위를 굴려 고려군의 공격을 막아 냈다.

와 와 와

장군, 정면 돌파는 무리입니다.

시간을 끌 수는 없는데….

대장이 이해가 안 되네.

왜요? 잘 막았잖아요.

고려군이 퇴로를 막고 시간을 끌면 우린 굶어 죽어.

그러네.

근데 왜 해적이 됐나요?

해적은 나쁜 거잖아요.

아저씨, 빨리 그만두세요.

지긋지긋한 전쟁 때문이야. 우리나라는 지금 남북조 시대라고 둘로 갈라져 50년 넘게 전쟁 중이란다.

그래서 패잔병이나 살길이 막막한 사람들이 해적이 되는 거지.

난 농부였어.

네….

삐이웅 웅웅…

어? 우리 배에 날아오던 그 이상한 화살이다.

저, 저건 주화야!

사정거리 안이다.
발사하라!

목책에 불이
붙었다!

어쩌지?

고려군에서
화공을 쓰나 봐.

안 돼. 그럼
우린 어떡해?

이성계는 주화을 쏴 왜구의 진지를 불태워 버리는 작전을 펼쳤다.

대장, 여기
있다간 모두
죽습니다.

으악
불이다!

퇴로는 오직 한곳이니
그곳을 집중 공격하라!

모두 나를 따르라!
적의 포위망을 정면
돌파할 것이다.

위험해! 어서
여길 빠져나가자.

안 돼!

왜구를 따라가면
공격 받을 거야.

일단 불길부터
피하고 보자.

뜨겁고 숨을
못 쉬겠어.

아지발도는 앞장서 왜구를 이끌고 탈출을 시도했으나,

뛰어난 활솜씨를 가진 이성계와
*이지란이 앞을 막고 있었다.

*이지란 여진족 출신의 무신으로 조선 왕조의 개국 공신.

170

앗,
대장님!

지금이다. 쏴라!

아지발도가 쓰러지자 왜구의 사기가 떨어지고 지휘 체계
마저 흔들리면서,

고려군의 일방적인 공격이 시작되었다.

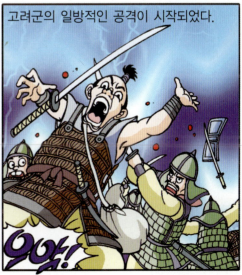

결국 왜구는 전멸하였고,

으악!

황산 부근의 냇물은 왜구의 피로
물들었으며, 이때 살아 도망간 왜구는
고작 70여 명이었다고 한다.

더는 못 보겠어.
너무 끔찍해.

살기 위해선 죽여야
하는 게 전쟁이야.

너무 잔인해.
포로로 만들
수도 있었잖아.

사병들이 대거 동원
되었기 때문이야.

비파!

사병?

사병은 개인이
양성해 부리는
병사를 말해.

사병들은
보통 군사들보다
실전 경험이
많아 전투력이
훨씬 강했어.

이번 싸움에선 이성계
사병의 활약이 컸어.
함경도 지역에서
전투 경험이 많고

거칠기로 유명한
여진족으로 구성
되어 있었거든.

이성계…!

진포 · 황산 대첩 이후의 왜구

황산 대첩 이후 왜구의 세력은 약해졌으나 고려 침입은 계속되었다. 1383년엔 남해 관음포 앞바다에서 정지 가 왜구를 크게 무찔렀고, 1389년에는 박위가 왜구의 근거지인 쓰시마(대마도) 섬을 정벌하여 왜구에 대한 자 신감을 갖게 되었다. 그러나 고려 말 수십 년간 계속된 왜구의 침입은 고려 왕조 몰락의 한 요인이 되었다.

최영의 홍산 대첩

왜구는 왜 고려에 쳐들어왔을까? | 최영의 홍산 대첩

왜구는 왜 고려에 쳐들어왔을까?

왜구는 쓰시마 섬이나 규슈에 살던 일본 해적을 말합니다. 이들은 삼국 시대부터 우리나라를 침입하곤 했는데, 특히 13세기부터 16세기인 고려 말부터 조선 중기까지 자주 침입해 물건을 빼앗고 사람을 죽이기 일쑤였습니다. 왜구가 고려에 자주 침략한 것은 2차에 걸친 여몽 연합군의 일본 정벌과 일본 국내의 내란으로 몰락한 무사와 가난한 농민들이 많이 생

공민왕 신당 (서울 종로구 훈정동 종묘 안)

겨났기 때문이었습니다. 왜구는 일본 중앙 정부보다는 지방 호족들의 보호와 통제 아래 있었기에 외교적인 방법으로는 이들의 침략을 막기가 어려웠습니다.

왜구가 고려에 처음 침입한 것은 고종 때인 1223년이었습니다. 그러다 1350년 충정왕 때부터 본격적으로 침입하더니, 공민왕 때는 115회, 우왕 때는 378회나 침입을 했습니다. 왜구는 주로 식량을 약탈해 갔고, 지방에서 조세를 거둬 개경으로 가던 *조운선도 노렸습니다. 때로는 사람을 잡아가서 노예로 팔았으며, 왕릉을 도굴해 유물을 훔쳐 가는 일도 있었습니다.

그러자 고려는 여러 차례 사절단을 보내 평화적인 방법으로 왜구를 막으려고 애썼습니다. 공민왕은 일본에 사신을 보내 왜구의 불법적인 활동을 막아 줄 것을 강력히 요청했으나 효과를 보지 못했습니다. 하지만 끊임없는 노력으로 1377년에는 정몽주가 왜구에게 잡혀갔던 고려의 백성 수백 명을 데리고 돌아오는 결실을 맺기도 했습니다. 또한 고려는 왜구를 막기 위해 군사력을 강화했습니다. 성을 쌓고 군사 훈련을 실시했으며 전함도 만들었습니다. 1380년에는 최영을 해도 *도통사로 임명해 적극적으로 왜구를 무찌르려 노력했습니다. 또 바닷가에 사는 성인 남자를 모집해 수군을 편성해 바다를 지켰으며, 수군의 가족에게는 바닷가 토지에 대한 세금을 내지 않는 혜택을 주었습니다.

정몽주 선생 동상

*조운선 물건을 실어 나르는 데 쓰는 배.
*도통사 고려 말, 각 도의 군대를 통솔하는 일을 맡아보던 무관 벼슬.

최영의 홍산 대첩

고려 제32대 임금 우왕 때인 1376년, 왜구는 부여에 침입해 공주까지 쳐들어왔습니다. 이때 공주 목사 김사혁이 온 힘을 다해 싸웠으나 패하여 결국 공주는 함락되었습니다. 얼마 뒤 왜구는 논산 지역에 있는 절인 개태사를 침입했는데, 장군 박인계가 이곳에서 왜구와 싸우다가 목숨을 잃었습니다. 이 소식을 들은 최영은 60세의 몸으로 왜구를 무찌르기 위해 남쪽으로 향했습니다. 최영이 최공철, 강영, 박수년 등과 군사를 이끌고 홍산에 이르렀을 때에는 이미 왜구가 싸움에 유리한 지형을 차지하고 있었습니다. 삼면이 모두 절벽이고 오직 한 길만 통할 수 있었는데, 모든 군사가 두려워하며 앞으로 나가지 못했습니다. 이때 최영은 앞장서서 싸웠으며 화살을 맞고도 끝까지 부하들을 지휘했습니다. 결국 고려군은 큰 승리를 거두었고, 그 뒤 왜구는 "우리가 두려워하는 사람은 백발의 최영 장군뿐이다."라고 말했다고 합니다.

홍산 대첩 후 최영은 왜구를 물리친 공을 인정받아 철원 부원군에 봉해졌으며, 다른 장수들 또한 그 공에 따라 벼슬을 받았습니다. 홍산 대첩은 최무선의 진포 해전, 이성계의 황산 대첩, 정지의 남해 대첩과 더불어 왜구를 가장 크게 무찌른 싸움으로 손꼽힙니다.

최영 장군 묘 (경기 고양시 덕양구)

진포 대첩 기념비 (전북 군산시 내흥동)

최무선 장군 추모비 (경북 영천시 교촌동)

내가 바로 최영이다!

한산도 대첩

몰라. 나 뱃멀미 한단 말이야!

비파!

조선 선조 때로 임진왜란이 일어난 지 3개월 후인 1592년 7월이야.

어, 바다 한가운데네?

일본의 침략, 임진왜란

도요토미 히데요시는 무력으로 일본을 통일하여 혼란스럽던 전국 시대를 마감시켰다. 이어 내부 불평 세력의 관심을 밖으로 돌리기 위해 대륙으로의 진출을 계획했다. 그리하여 먼저 명나라를 치기 위해 조선에 길을 열어 줄 것을 요구했다. 이를 조선이 거부하자 1592년 4월, 20만 병력을 동원하여 부산 앞바다로 쳐들어온 것이다. 한편 조선은 1590년에 일본의 사정을 알아보기 위해 사신을 파견했으나, 전쟁이 없을 거라고 생각하여 대비하지 않았다.

이 녀석들, 조용히 해!

어디서 왜놈 배가 튀어나올지 모른다고 했잖아.

엥?

쇠심줄 같은 고집에 태우긴 했지만 걱정이군.

나라를 지키는 데 힘을 보태겠다는 생각은 기특하잖아.

전쟁 상황은?

지금 어느 쪽이 이기고 있는 거야?

조선군은 너무 쉽게 무너져.

부산진 첨사 정발과 동래 부사 송상현이 왜군을 막다 전사하고,

신립 장군은 북상하던 왜군을 맞아 충주에서 싸우다 패하자 자살해.

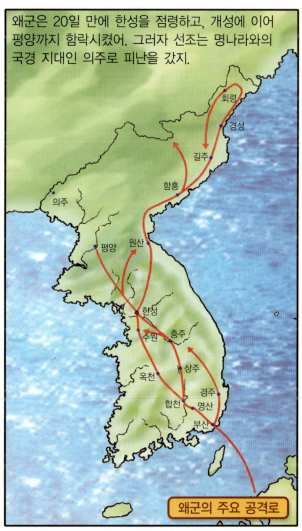

왜군은 20일 만에 한성을 점령하고, 개성에 이어 평양까지 함락시켰어. 그러자 선조는 명나라와의 국경 지대인 의주로 피난을 갔지.

회령
경성
길주
함흥
의주
평양
원산
한성
수원
충주
옥천
상주
합천
영산
경주
부산

왜군의 주요 공격로

어떻게 그럴 수가 있어!

그래도 다행한 건 육지에서는 거듭 패하고 있지만,

수군은 승승장구 하고 있어 백성들에게 희망을 주고 있지.

맞다. 이순신 장군님!

거북선으로 왜군을…, 웩!

전쟁을 일으킨 도요토미는 엄청 화났겠다.

당연하지.

이순신의 초기 전투 일지

전라 좌수사 이순신은 임진왜란이 일어나기 전부터 왜군의 침입에 대비하여 전함과 거북선을 만들고, 군사들을 훈련시켜 승리할 수 있었다.

■ 제1차 출동-1592년 5월 4일~8일: 옥포, 합포, 적진포 해전에서 승리.

■ 제2차 출동-5월 29일~6월 10일: 사천, 당포, 당항포, 율포 해전에서 승리. 사천 해전에서 처음으로 거북선 출전함.

왜군은 육군이 북진하는 동안 수군이 남해의 *제해권을 장악하여 바다를 통해 군수 물자를 조달할 계획이었다.

이순신이 다 된 죽에 코 푸는구나. 으, 혈압이야!

육군은 이미 평양까지 진격해 있는데….

*제해권 무력으로 바다를 지배하여 군사, 통상, 항해 따위에 관하여 해상에서 가지는 권력.

겨울이 오기 전에 조선을 정복하지 못하면

명나라는커녕 전쟁 자체가 어려워진다.

빨리 수군을 총동원해 이순신

함대를 박살 내고 바다를 장악하라!

아무리 수군이 이겨도 육군이 계속 지면 문제잖아.

비파, 날 육지로 빨리 보내 줘. 싸우게.

진정해. 직접 싸우지 않아도

할 일은 무지 많아. 이 배는 당포 연안에 살고 있는 어부의 배야.

어부?

지금 스스로 수군에게 줄 식량을 싣고서

조선 함선이 있는 곳으로 가고 있는 거야.

이렇게 수군의 승리 뒤엔 백성들의 노력이 있었어.

육지에서도 의병들이 크게 활약하고 있잖아.

우리도 아저씨들을 돕자.

아저씨들, 파이팅…!

뭐라고?

으 왹!

왜, 왜선이다!

돛을 내리고 키를 돌려.

야, 강마루!

가만, 지나가고 있어. 저 정도면 70여 척이 넘는 대함대야.

저 쪽은 *견내량 이잖아.

우리 수군을 치려나 봐.

어서 장군님께 알려야 해.

이순신, 견내량 이라면….

한산도 대첩!

*견내량 경상남도 거제시와 통영시 사이의 좁은 해협.

1592년 7월 7일, 이순신은 전라 우수사 이억기, 경상 우수사 원균과 함께 연합하여 당포 앞바다에 이르렀을 때 왜선 70여 척이 견내량에 머무르고 있다는 소식을 듣게 된다.

지금까지 만난 적 없는 대함대입니다.

수적으로도 우리가 불리하오.

함선 수보다는 어떤 작전을 쓰느냐가 더 중요합니다.

전투에 좀 이겼다고 기고만장하군. 함선 수가 왜 안 중요해?

이억기

이순신

원균

왜군은 견내량의 좁은 수로를 이용하려는 것 같소.

거북선을 앞세워 정면 돌파하면 될 것이오.

적이 그걸 기다리고 있을지 모릅니다.

왜군은 이미 거북선과 싸워 봤기에 대비했을 겁니다.

또한 남해의 지리에도 이젠 훤할 텐데….

맞소. 견내량은 폭이 좁고 암초도 많은 데다 사방으로 길이 있어,

왜군의 배는 이동이 쉽지만 우리 판옥선이 움직이는 데는 불리합니다.

어찌 군사들의 사기를 떨어 뜨리는

부정적인 말만 하시오. 일단 붙어 봅시다.

만약 이번 전투에서 지면 적의 군수 물자 공급은 물론,

마지막 남은 전라도 땅마저 잃을 것입니다.

우리는 적과 싸우려 모인 것이 아니라 기필코 이기고자 모인 것입니다.

적들을 견내량에서 넓은 한산도 앞바다로 끌어내 싸워야 합니다.

유인 작전!

한산도로?

7월 8일, 견내량에 정박 중인 왜 함대의 종대장은 와키사카 야스하루였다.

와키사카 장군님, 적의 수군으로 보이는 함선을 발견했습니다.

그런데 우리 경비선을 보자 싸우지 않고 바로 도망치고 있습니다.

드디어 이순신이 나타났나 보군.

와키사카는 용인 전투에서 조선군에 대승을 거두어 자신만만했다.

조선 수군을 섬멸하리라.

용인 전투

1592년 6월, 경기도 용인에서 전라도 관찰사 이광과 충청도 관찰사 윤선각 등이 이끄는 5만여 군사가 와키사카가 이끄는 왜군 1,600명에게 크게 패한 전투이다. 한성이 함락되자 이광은 임금에게 충성을 하자는 근왕군 4만을 모집해 북상 중 충청도 병력과 경상도 병력 일부를 합세하여 용인에서 왜군과 싸우게 되었다. 그러나 왜군의 조총 공격과 기습 공격에 조선군은 크게 패하여 도망치고 말았다.

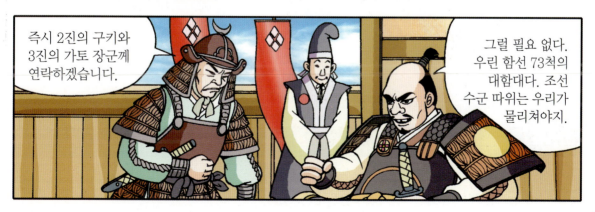

즉시 2진의 구키와 3진의 가토 장군께 연락하겠습니다.

그럴 필요 없다. 우린 함선 73척의 대함대다. 조선 수군 따위는 우리가 물리쳐야지.

놈들을 끝까지 쫓아가서

이순신의 본진을 친다.

전함대 진격하라!

왜의 함대는 조선 수군을 쫓아 견내량에서 넓은 한산도 앞바다까지 나왔다.

더 힘차게 노를 저어라!

장군님!

적함대가 유인술에 걸려들었습니다.

전 함선에 알려라!

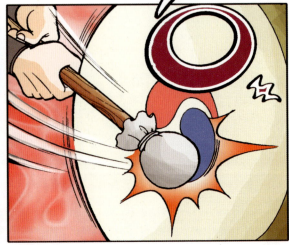

학익진

학이 날개를 펼친 모양으로 적을 포위하여 공격하는 진이다. 일자 형태로 진을 치고 있다가 적이 오면 중앙의 부대는 뒤로 물러나고 좌우 부대가 앞으로 나가 진형을 갖춘다. 육지에서는 기동력이 뛰어난 기병들이, 해상에서는 기동력이 있는 전선들이 쓰면 효과적인 진법이다.

지금 후퇴하면
아군의 피해가
크다.

쐐기진으로
적의 함대를
공격하라.

쐐기진은 쐐기 모양의 진으로 적진의 중앙을 돌파할 때
쓰는 진법이다.

중앙의
이순신 함대를
박살 내라.

지금이다. 전 함선은
일제히 발포하라!

발포~!

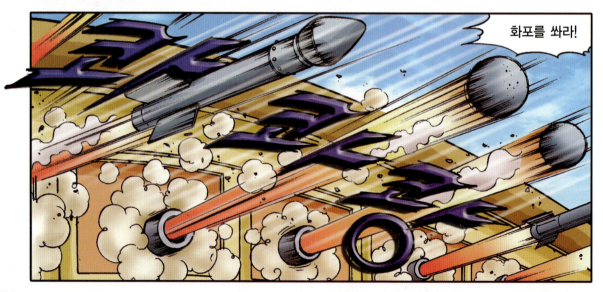

화포를 쏴라!

흩어지지 마라!

모두 침착하라.

크으으... 이럴 수가!

아니!

저, 저건 거북선…!

진열이 흐트러진 왜군 함대 한가운데로 거북선이 나타나 함포를 쏘기 시작했다.

으아악! 거북선이다.

으악, 누가
나 좀 구해 줘!

사람 살려!

장군, 대승입니다.
많은 적의 함선이
대파됐습니다.

아직은
이르다.

함포를 더
쏴라.

거북선은 돌격해
적의 *군선을
부수어라!

일본의 군선과 조선의 군선 차이

왜군은 적선에 올라 칼을 들고 싸우는 백병전이 특기였다. 그래서 조선의 군선인 판옥선은 선체를 높게 만들어 적이 기어오르지 못하게 만들었다. 또한 거북선은 등에 쇠꼬챙이를 꽂아 오르는 것을 불가능하게 했다. 일본의 군선은 가벼우면서 빠르게 이동할 수 있는 삼나무로 만들었지만, 조선의 군선은 소나무로 만들어 단단한 게 특징이었다. 그래서 두 나라의 군선이 충돌하면 일본 군선은 쉽게 부서졌다. 또한 거북선은 적의 군선을 침몰시킬 목적으로 만든 돌격용 철갑선으로 큰 파괴력을 발휘하여 왜군들에겐 두려움의 대상이었다.

*군선 군대에서 쓰는 배. 예전에 해전에서 쓰던 배를 주로 이른다.

이때 이순신의 조선 수군은 왜군 함선 47척을 격침시키고 12척을 나포하는 대승을 거두었는데, 이것을 한산도 대첩이라 한다.

저, 저기 왜군 시체들이 떠내려가요.

화포 소리도 그쳤어요.

여긴 한산도 앞바다란다.

이순신 장군께서 또 왜군을 물리치셨어.

미소야! 역시 한산도 대첩이었어.

어머, 천지야.

으악!

탁

안 돼. 미, 미소야!

한산도 대첩의 의의

한산도 대첩에 이어 이순신 장군은 부산포 해전에서도 승리하여 왜의 주력 수군을 크게 무찔렀다. 이로써 남해의 제해권을 장악하여 왜군의 보급로와 퇴로를 차단할 수 있었고, 곡창 지대인 전라도 지방도 지킬 수 있었다. 또한 육지에서의 계속된 패전으로 사기가 떨어졌던 조선군에게 용기를 심어 주고, 왜군에게 큰 타격을 가해 불리했던 전세를 유리하게 전환시키는 계기가 되었다. 임진왜란 중에는 역사상 기억에 남을 만큼 치열한 전투가 여러 차례 있었는데, 그중 한산도 대첩, 진주 대첩, 행주 대첩을 임진왜란 3대첩으로 꼽는다. 또한 한산도 대첩은 세계 4대 해전 중 하나로 꼽히기도 한다.

똘똘 뭉쳐 왜군을 막아 내다 ▼

의병의 활약 | 진주 대첩과 진주성 함락

의병의 활약

이순신 초상

　임진왜란 당시 바다에서 이순신 장군을 비롯한 수군이 연전연승을 하고 있을 때, 육지에서는 전국 방방곡곡에서 일어난 의병들이 큰 활약을 펼치고 있었습니다. 의병이란 나라를 구하기 위해 스스로 일어난 의로운 병사를 말하는데 전직 관리, 유생, 승려 등이 농민들을 중심으로 조직하고 이끌었습니다. 이들은 자신이 살고 있는 마을의 지리에 밝다는 점을 이용해 매복·기습·유격전을 벌이며 용감히 왜군을 막아 냈습니다.

　승려인 휴정과 유정, 정문부, 조헌, 고경명, 김천일, 김덕령, 정인홍, 곽재우 등이 의병을 이끌며 왜군에 맞서 싸웠습니다. 그중 의병장으로 이름이 널리 알려진 사람이 의령 출신의 곽재우입니다. 임진왜란이 일어나자 곽재우는 경상남도 의령에서 가장 먼저 의병을 일으켰습니다. 곽재우가 이끄는 의병은 그의 용맹과 뛰어난 작전에 힘입어 의령을 비롯하여 현풍·창녕·영산·진주 등지에서 벌어진 백여 차례의 전투에서 승리했습니다. 곽재우는 용감히 혼자 적진에 돌진하거나 위장 병사를 내세우는 전술을 펴고, 매복이나 유격전을 써서 왜군을 무찔렀습니다. 이리하여 낙동강 서쪽을 장악하여 전라도 지방으로 진격하려는 왜군을 막아 냈습니다. 한편 백마에 앉아 지휘하는 곽재우의 모습만 보아도 왜군은 달아났으며, 늘 붉은색 옷을 입고 싸웠기 때문에 '홍의 장군'이라 불렸다고 합니다.

거북선

난 하늘이 내린 홍의 장군이다!

촉석루 (경남 진주시 본성동)

진주성 성곽, 사적 제118호(경남 진주시 남성동, 본성동)

김시민 장군 전공비 (경남 진주시 본성동)

논개 생가 (전북 장수군 장계면)

진주 대첩과 진주성 함락

　임진왜란 초기에는 육지에서 조선군이 계속 패전만 하다가 가을로 접어들면서 승리하기 시작했습니다. 그중 대표적인 전투가 10월에 벌어진 진주성 대첩입니다. 진주는 당시 유일하게 보존된 전라도로 가는 길목으로 이곳을 잃으면 군량을 보급하는 전라도 지방이 위험했습니다.

　당시 진주성은 진주 목사 김시민이 3천여 명의 군사를 거느리고 지키고 있었습니다. 10월 6일, 2만 명의 왜군이 진주성을 포위하고 공격을 퍼부었습니다. 왜군은 사다리를 이용해 성벽을 기어오르고, 또 누각을 만들어 그 위에서 조총을 쏘며 공격했습니다. 이때 성안의 백성들은 김시민의 지휘 아래 활을 쏘거나 돌을 던지고, 뜨거운 물을 쏟아부으며 왜군에 맞서 싸웠습니다. 이때 안타깝게도 김시민은 왜군의 총에 맞아 숨을 거두었고, 곤양 군수 이광악이 대신 지휘해 7일간의 전투를 승리로 이끌었습니다.

　이듬해인 1593년 6월, 명나라와 화의를 진행하며 남쪽으로 후퇴한 왜군은 1차 진주성에서의 참패를 설욕하고, 화의를 유리하게 이끌기 위해 10만의 군사로 다시 진주성을 공격했습니다. 9일간의 치열한 싸움 끝에 결국 진주성은 함락되고, 왜군은 성안의 백성들을 잔인하게 불태워 죽였습니다. 승리 후 왜군은 촉석루에서 축하 잔치를 벌였는데, 관기였던 논개도 참석하게 됩니다. 이때 논개는 나라와 죽은 진주 백성들의 원수를 갚기 위해 왜장을 유인하여 함께 남강에 몸을 던졌습니다.

1593년 1월, 조선과 명나라 연합군은 평양성을 공격하여 되찾았어.

평양성 탈환에 성공!

이게 다 우리 덕분이야.

조선

명

하지만 개성을 탈환하고 왜군을 계속 뒤쫓다가 *벽제관에서 크게 패해.

한성이 코앞인데!

왜군은 벽제관 전투에서 승리하자 다시 북진을 계획하고,

조선군은 한성을 되찾기 위해 한성으로 모여들어.

우리 잠시 쉬어야겠다.

명

뭐! 이 판국에 쉬겠다고?

믿음이 안 가. 한성은 우리가 되찾자.

이곳은 한성 수복을 위해 조선군이 머물고 있는 행주산성이야.

행주 산성?

그럼 권율 장군이 왜군에 승리한 행주 대첩!

맞아. 곧 왜군이 들이닥칠 거야.

이 볼품없는 성이 진짜로 행주산성이야?

*벽제관 경기도 고양시 벽제동에 있던 역관.

저기 말을 타고 있는 사람이 권율 장군님이야.

권율 장군…!

왜군이 이곳으로 오고 있다고 한다.

서둘러 전투 태세를 갖추어라!

장군님, 저희도 장군님을 도와 싸우고 싶어요.

아니, 웬 꼬마들이지?

권율

조선 중기의 명장. 임진왜란이 일어나 한성이 함락되자 광주 목사로서 전라도 방어사 곽영의 휘하에 들어가 용인 전투에 참가했으나 패했다. 그 길로 내려가 천여 명의 의용군을 모집해 다시 북상 중 충남 금산 이치 싸움에서 승리했다. 또한 한성을 탈환하기 위해 북진하여 경기도 독산성 전투와 행주 대첩에서 승리를 거두어 도원수의 자리에 올랐다. 이후 임진왜란 동안 조선의 군대를 총지휘했다.

오호! 참으로 기특한 아이들이군.

보아라! 어린아이들까지 나라를 구하겠다고 나섰다.

이 아이들의 정신을 본 받아야 할 것이다.

뉘 집 자식인지 맹랑하군.

대단한 꼬마들이야.

!!!

장군님, 여긴 강을 끼고 있는 산 위이긴 하지만

전투할 때 방어하기엔 너무 허술한 곳이 아닌가요?

허허, 지형까지 살피고 있었구나. 네 말이 옳다.

하지만 네가 잘 모르는 장점도 많은 곳이란다.

전쟁 초 우리가 왜군에게 무참히 당한 것은

놈들의 신식 무기인 조총 때문이었지.

조총을 든 병사들을 3열로 조직해 연속으로 총을 쏘는 바람에 속수무책으로 당한 거란다.

3열 | 1열 쐈으면 뒤로 와!

2열 | 쏠 준비!

1열 | 발사!

그래서 이번엔 조총에 맞설 화약 무기를 준비했지.

그것을 효과적으로 쓰기엔 행주산성이 적합한 곳이란다.

조총이 그렇게 무서운 건가?

조총

조총은 15세기 말에 유럽에서 처음 만든 화승총(노끈에 불을 붙여 탄환을 발사하는 총)의 일종이다. 일본은 1543년에 포르투갈 상인이 가지고 들어온 화승총을 모방하여 제조하였다. 날으는 새도 쏘아 떨어뜨린다는 뜻에서 붙여진 이름인 조총은 당시 막강한 화력의 최신 무기였다.

곧 적군이 올 것이다. 부디 살아남거라.

전투가 끝나면 큰 상을 주마.

장군, 처영 대사가 도착했습니다.

오, 그래!

너희는 정상에 올라가 식사 준비를 돕거라.

싫어요, 아저씨. 저희도 싸울래요.

자, 장군님!

저희도 무기를 주셔야죠.

옛다. *횟가루 주머니다.

만약 왜놈들이 가까이 오면 이걸 얼굴에 뿌리거라.

횟가루?

모두 차고 있는 주머니가 이거였구나.

무기 없으면 어때. 돌을 던지면 돼.

＊**횟가루** 산화칼슘을 이르는 말.

좋아. 나 강마루는 튼튼한 이빨 하나면 충분해!

미소야, 쟤 좀 말려야 하는 거 아냐?

권율을 돕기 위해 승려 처영이 이끄는 승군이 행주산성으로 왔던 것이다.

대사가 와 주니 천군만마를 얻은 것 같소. 서북쪽을 맡아 주시오.

예. 그리 하지요.

군사가 적어 걱정 이지만 백성들까지 힘을 합치면 될 것이오.

…!

반드시 승리해야 왜군의 북진을 막고 한성도 되찾을 수 있소.

어쩌면 이 산성 싸움이 이번 전쟁의 분수령이 될 것이오.

부처님의 뜻에 따라 최선을 다해 싸울 것입니다.

나무 관세음보살.

임진왜란 때 승군의 활동

승군은 승려들로 조직된 군대를 말한다. 임진왜란이 일어나자 휴정(서산 대사)과 그의 제자들이 앞장서 승군을 조직해 왜군에 맞서 싸웠다. 유정(사명 대사)은 평양성을 탈환할 때 큰 공을 세웠고, 영규는 청주성에 침입한 왜군을 물리쳤으나 의병장 조헌과 함께 금산 전투에 참가했다가 장렬하게 전사했다. 또한 처영은 권율과 함께 행주 대첩에서 큰 공을 세웠으며, 의능과 삼혜 등은 이순신의 지휘 아래 수군으로 활동했다. 이 밖에도 많은 승려가 산성을 쌓거나 무기를 만드는 등 임진왜란 때 큰 활약을 펼쳤다.

1593년 2월 12일, 왜군은 조선군이 행주산성에 머물고 있다는 소식을 듣자 3만여 군사로 쳐들어왔다.

으하하! 저런 허술한 산성 따윈 오늘 안에 무너뜨려 주리라.

규모로 봐서 군사도 얼마 없을 것이다.

왜군은 7개의 부대로 나누어 행주산성을 겹겹이 포위한 뒤 공격하기 시작했다.

적장 권율은 우리에게 여러 차례 패배를 안겨 준 인물이니 방심은 금물이오.

저희 병력 수면 저 산성을 덮고도 남을 테니 걱정 마십시오.

기다리고 있었다.

전투는 군사의 수로 하는 게 아니라는 걸 내가 오늘 가르쳐 주마.

조총 부대 앞으로, 쏴라!

신기전 발사 준비하라!

이때다.
비격진천뢰
발포하라!

발포!

엥! 웬
공이야?

서, 설마
폭탄?

비격진천뢰

조선 선조 때 이장손이 발명한 것으로,
무쇠로 만든 둥근 박 모양의 폭탄이다.
화포의 하나인 완구에 넣어 발사했다.
비격진천뢰 안에는 대
나무 통, 철 조각, 화약
가루 등이 들어 있었다.
*목곡의 길이를 달리함
으로써 폭파 시간을 조
절할 수 있었다.

비격진천뢰,
보물 제860호

으악! 이런
신기한 무기가
있었다니….

*목곡 대나무 통 안에 있으며, 불을 붙이는 심지를 소라 껍데기처럼 빙빙 감싸고 있는 부분.

전
쟁

203

*누대 사방을 바라볼 수 있도록 높이 지은 건물.

*대장군포 화포의 일종.

날이 밝으면서 시작된 전투가 해질 무렵까지 이어졌고,

돌 맛 좀 봐라!

행주산성에선 화약과 탄알이 떨어져 갔다.

뜨거워!

그러자 부녀자들도 치마를 잘라 짧게 만들어 돌을 나르며 싸웠는데, 여기서 '행주치마'라는 이름이 생겨났다고 한다.

여기는 위험하니 부상을 당한 사람들이나 돕거라.

괜찮으니까 이거 받기나 하세요.

천지야, 빨리빨리!

간다, 가!

장군, 조선군은 한강을 통해 물자를 공급 받고 있소.

뭣이!

미처 그 점을 생각 못했군.

이렇게 되면 우리가 불리한 싸움이오.

으, 일단 후퇴할 수밖에.

장군, 왜군이 퇴각하고 있습니다.

놈들의 뒤를 추격하라!

권율은 도망치는 왜군을 추격하여 공격했고, 이리하여 행주산성 전투는 조선군의 대승으로 끝이 났다.

우아, 장군님이 돌아오신다.

만세!

마루야, 주위 좀 둘러봐.

우리도 엄청 많은 사람들이 희생됐어…

으아악!

아이고.

장군님의 지도력 덕분에 승리할 수 있었습니다.

아니오. 승군과 백성들이 목숨을 아끼지 않고 싸워 이길 수 있었소.

장군님의 전술을 이제야 알겠어.

행주산성은 한강을 통해 물자를 공급 받을 수 있었고, 화약 무기를 쓰기에 알맞은 장소였어.

그래, 하지만 백성들이 앞장서 싸우지 않았다면 이겼을까?

둘 다 맞아. 일단 장군님께 가 보자. 우릴 보면

분명 기뻐 하실 거야.

가긴 어딜 가? 우리는 곧 떠나야 해!

또 다른 전쟁이 아직 남아 있거든.

비파, 안 돼! 장군님이 상을 주신 댔어.

자, 가자!

악?

행주 대첩 이후

행주 대첩 이후 왜군은 전세가 불리해지고, 물자 보급 문제에 어려움을 겪게 되자 한성을 점령한 지 1년 만에 스스로 남쪽으로 물러났다. 그리고 일본은 당사국인 조선을 빼고 명나라와 *화의를 진행했다. 그러나 협상이 깨지자 일본은 1597년에 다시 침략했다.(정유재란) 그러다 1598년 8월, 도요토미 히데요시가 죽자 일본군은 모두 퇴각했고, 7년간 계속된 임진왜란은 끝이 났다.

*화의 화해하는 의논.

명량 대첩과 병자호란 ▼

명량 대첩을 승리로 이끈 이순신 | 병자호란

명량 대첩을 승리로 이끈 이순신

1597년 1월, 왜군은 명나라와의 화의 협상이 깨지자 14만의 대군으로 다시 조선을 공격했습니다. 이때 *삼도 수군통제사 이순신은 왜군의 계략과 원균의 모함으로 감옥에 갇혔습니다. 선조는 원균을 삼도 수군통제사에 임명했으나, 원균은 7월 칠천량 해전에서 왜군에게 대패한 뒤

난중일기, 국보 제76호

전사했습니다. 그러자 선조는 유성룡의 건의를 받아들여 이순신을 다시 삼도 수군통제사에 임명했고, 이순신이 돌아왔을 때는 겨우 12척의 배와 수군 120명밖에 남아 있지 않았습니다.

이순신은 왜의 수군이 서해로 진출하려는 것을 알고 수군 진영을 해남으로 옮긴 뒤 *명량을 지키려고 했습니다. 이순신은 부녀자들에게 강강술래를 하며 빙글빙글 돌게 해 군사가 많은 것처럼 보이게 하고, 또 피난선 100여 척을 군선으로 위장해 대기시켜 놓았습니다. 9월 16일, 드디어 133척의 왜군 함대가 명량 해협으로 들어오자 이순신은 일자진으로 화포를 쏘며 공격했습니다. 이때 바닷물의 흐름이 바뀌자 왜군은 혼란에 빠졌고, 이순신이 왜장 구루시마를 잡아 목을 베자 사기도 크게 떨어졌습니다. 그러자 조선 수군은 맹렬하게 공격하여 왜의 군선 31척을 격파했고, 결국 왜군은 도망쳤습니다. 이것이 명량 대첩이며, 이 패배로 왜군은 서해로 진출하는 것을 포기하게 됩니다.

명량 대첩비, 보물 제503호(전남 해남군 문내면)

더 빨리 돌아야 많아 보이지.

---

*삼도 수군통제사 임진왜란 때 경상·전라·충청 세 도의 수군을 통솔하는 일을 맡아보던 무관 벼슬.   *명량 전라남도 진도와 육지 사이의 해협. 울돌목.

장릉, 인조와 인열 왕후 한씨의 무덤. 사적 제203호
(경기 파주시 탄현면)

남한산성 성곽

남한산성 남문, 사적 제57호
(경기 광주시 중부면)

병자호란

1623년에 광해군을 몰아내고 왕위에 오른 인조는 광해군과는 달리 명나라를 가까이하고 후금을 배척하는 친명 배금 정책을 펴며 후금을 적대시했습니다. 그러자 후금은 광해군을 위해 복수한다는 구실로 1627년에 3만의 군사로 조선을 침략했는데, 이것이 정묘호란입니다. 이때 강화도로 피난을 떠났던 인조가 후금과 형제지국을 약속하여 전쟁은 끝이 나게 됩니다.

이후 후금은 국호를 청(淸)으로 고치고, 조선에게 신하로서 섬길 것과 왕자를 볼모로 보낼 것 등을 요구했습니다. 이에 조선 조정은 싸우자는 주전파와 화의를 주장하는 주화파로 갈라졌으나, 주전론이 대세를 이루어 거절했습니다. 그러자 1636년 12월에 청 태종이 직접 12만 대군을 이끌고 조선을 침공했는데, 이것이 병자호란입니다.

순식간에 청의 군대가 개성에 이르자 인조는 남한산성으로 피난을 갔고, 곧 한성도 점령되었습니다. 조선 조정은 남한산성에서 45일간 항전했습니다. 그러나 각지에서 패전 소식이 들려왔고, 구원을 요청했던 명나라에서도 원병을 보낼 수 없다는 소식이 전해졌습니다. 또한 성안의 사람들은 날씨가 춥고 식량마저 떨어져 몹시 힘든 생활을 해야 했습니다. 결국 인조는 항복하고 청과 화의를 맺었습니다. 1637년 1월 30일, 남한산성을 나온 인조가 삼전도에서 청의 태종에게 무릎을 꿇고 항복의 예를 올림으로써(삼전도 치욕) 병자호란은 끝이 났습니다.

삼전도비, 병자호란 후
청 태종의 요구에 따라 그의
공덕을 적은 비석. 사적 제101호
(서울 송파구 석촌동)

병인양요

으악! 프랑스 함대다.

서양 오랑캐가 쳐들어왔다!

흥선 대원군의 천주교 박해와 프랑스의 침입

1863년 어린 고종이 즉위하자 아버지 흥선 대원군이 사실상 조선을 통치하게 된다. 19세기에 들어 조선 근해에는 *이양선이 자주 출몰하여 통상을 요구해 왔다. 이에 흥선 대원군은 통상 수교 거부 정책을 펴며, 천주교를 탄압했다. 1866년 흥선 대원군은 천주교 박해령을 내려 프랑스 신부 9명을 처형했다.(병인박해) 그러자 그 해 10월, 프랑스의 로즈 제독은 군함을 이끌고 강화도를 침입했다.

*이양선 서양 배를 조선 배와 모양이 다른 배라는 뜻에서 이양선이라 불렀다.

프랑스군은 10월 14일에 강화도 갑곶진으로 상륙하여 근처의 고지를 점령했다.

이어 16일에는 600명의 프랑스군이 강화성을 공격하여 함락했다.

강화성을 점령한 프랑스 군대야.

아, 여긴 강화도구나.

프랑스가 왜 조선을 침략했어?

흥선 대원군의 병인박해를 침략 이유로 내세웠지만 진짜 속셈은 조선과의 통상에 있어.

이게 무슨 말이야?

병인박해는 흥선 대원군이 천주교도를 탄압한 사건이고, 통상은 무역을 말하는 거야.

아니, 통상 때문에 전쟁을 해? 강화성을 함락시켰으니 강화도를 점령한 것이나 마찬가지잖아.

강화도의 군사 시설

바다로부터 한성으로 들어가려면 강화도를 거쳐 한강을 거슬러 올라가야 했다. 그래서 조선 시대에는 해상으로부터 적의 침입을 막기 위해 강화도에 군사 시설을 설치하였고, 조선 후기 서양 세력의 침략도 대부분 강화도에서 시작되었다. 강화도에는 군사상 중요한 지역에 설치하는 요새인 광성보, 덕진진, 초지진 등과 보루를 만들고 대포를 배치한 돈대인 갑곶돈, 용두돈, 불장돈 등이 많이 있다.

강화도는 한강으로 한성까지 갈 수 있는 길목이야. 프랑스는 강화도를 점령해 위협하려는 거야.

신천지, 그동안 전쟁을 체험한 보람이 있구나.

우리는 자비로운 황제의 명을 받들어

우리 동포를 학살한 자를 처벌하러 조선에 왔다.

조선이 선교사 9명을 학살했으니, 우린 조선인 9천 명을 죽이겠다.

협박하는군.

조정은 대체 뭘 하는 거야?

로즈 제독이 섬뜩한 포고문을 발표했어.

9명의 죽음을 천 배로 갚겠다고 말한 거지.

설마 진짜야?

병인박해로 조선에 머물던 프랑스 선교사 12명 중 9명이 처형되고, 이때 도망친 리델 신부는 청나라로 탈출했어.

반드시 살아남아서

이 끔찍한 사실을 알려야 해.

리델 신부로부터 이 얘기를 들은 프랑스 공사 벨로네는

쫑알 쫑알

프랑스에 선전 포고한 거야!

프랑스 함대 사령관 로즈 제독과 의논하여 조선 침공을 결정해.

오히려 조선과 통상 할 수 있는

좋은 기회군.

로즈는 길과 지형을 살피기 위해 1차로 9월 말에 군함 3척을 이끌고 와 한강을 따라

*양화진까지 왔다 간 뒤, 10월 11일에 2차 조선 원정길에 올랐던 거야.

대체 조정과 군대는 뭘 한 거야?

그럼 예상을 했을 텐데 어떻게 그리 쉽게 강화도를 빼앗겼어?

그러자 조정은 이경하에게 한성을 지키게 하고,

이용희, 양헌수, 한성근 등 장수들에게 대책을 세우게 해.

하지만 화력이 뛰어난 신식 소총과 대포로 무장한 프랑스군을 막기엔 역부족이었어.

첰 첰 첰

*양화진 서울 마포구 합정동.

프랑스군은 기껏 해야 천 명 정도라던데 밀어붙이면 되잖아.

이럴 때는 항상 영웅이 등장하는 법인데!

병인양요의 영웅 양헌수 장군이 곧 등장할 거야.

맞아. 이제 난 퇴장해도 되겠는걸.

양헌수…?

으쓱

통진부(지금의 경기도 김포).

장군, 큰일입니다.

프랑스군이 강화도 점령에 이어 문수 산성까지 공격을 했다고 합니다.

….

양헌수

조선 말기의 무신. 1848년에 무과에 급제하여 벼슬길에 올랐다. 1865년 제주 목사가 되어 선정을 베풀어서 제주민의 칭송을 받았다. 1866년 병인양요가 일어나자 어영청의 *천총으로 참전하여 강화도 정족산성에서 프랑스군을 크게 물리쳤다. 이후 어영 대장, 형조 판서, 공조 판서 등을 지냈다.

*천총 조선 후기 각 군영에 소속되었던 정3품 관직.

또한 마을에 불을 지르고 약탈하고 있답니다.

게다가 적의 소총은 방아쇠만 당기면 발사되고 사정 거리가 멀어….

그만!

임진왜란 때도 조총을 가진 왜군을 물리치지 않았느냐!

당시 장수들은 지형 지물을 이용한 뛰어난 전술과 애국심으로 승리할 수 있었다.

이용희 장군께 포수를 모집해 보내 달라

요청해 놓았으니 그들이 도착하면 작전을 펼 것이다.

포수?

먼저 포수들이 도착하는 대로 밤을 이용해

강화도로 잠입해 정족산성을 점거한다.

정족산성을…!

여긴 어디지?

글쎄?

모두 도망가 텅 빈 강화 행궁이야.

임금님이 나들이 와서 머물던 곳!

귀중해 보이는 책들을 모두 챙겨

?

바로 군함에 실어 놓아라.

외규장각에 보관 중이던 국보급 책들을 훔쳐 가는 거야.

야, 비파! 왜 남의 말 하듯 하는 거야?

못 가져가게 막아야지!

프랑스가 훔쳐 간 외규장각 도서

외규장각은 1782년에 정조가 규장각의 부속 기관으로 강화도에 설치했다. 외규장각에는 왕실과 국가의 중요 행사와 관련된 책이 6,000여 권 보관되어 있었다. 그런데 병인양요 때 프랑스군이 강화도에 침입하여 300여 권의 책을 가지고 돌아갔다. 이 외규장각 도서들은 프랑스 국립 도서관에 보관되어 있으며, 현재 우리 정부는 반환을 위한 외교적인 노력을 기울이고 있다.

아이고, 내 팔!

이 녀석들, 혼 좀 나 봐라.

으악!

아이코!

살려 줘!

으, 정말 지독한 놈들이네!

으아앙, 양헌수 장군님은 지금 뭐 하고 계신 거야?

11월 7일 양헌수 부대는 김포와 강화 사이에 있는 수로를 건너 프랑스군 몰래 강화 해협을 건너갔다.

양헌수 부대는 관군과 포수를 포함해 500여 명이었다.

포수들은 사냥을 생업으로 하는 사냥꾼이었기에 군사들보다 화승총을 훨씬 잘 다루었다.

짐승이 아닌 사람을 쏠 수 있을까?

다 나라를 위해서야.

이리하여 양헌수는 정족산성을 점거하고….

이 산성은 산마루에 위치하고 있어 적을 한눈에 볼 수 있다.

또한 오르는 길이 가파른 데다 주변에 숲이 있어 지형상 우리가 유리하다.

남문은 김기명 지휘하에 포수 161명,

동문은 이렴 지휘하에 포수 150명,

네.

서문과 북문은 이대흥 지휘하에 군사들을 배치하고 즉시

매복하라 이르라.

예!

뭣이! 조선군이 정족산성을 차지했다고?

500여 명의 특공대라고 합니다.

흠, 뒤통수를 맞은 기분이군. 조선군이 움직이다니.

만약 앞뒤로 공격하면 퇴로가 없는데….

제독님, 제게 160명의 병력만 주십시오. 즉시 정족산성으로 가 조선군을 섬멸하겠습니다.

그렇게만 되면 조선과의 통상을 앞당길 수 있지.

난 강화성을 지킬 것이니 올리비에 대령만 믿겠다.

*야포 야전에서 지상 전투에 사용되는 화포.

11월 9일, 올리비에는 160명의 군사를 이끌고 정족산성을 공격했다.

장군님 적입니다.

놈들은 *야포도 없이 소총으로만 무장하고 있군.

1진과 2진으로 나누어 동문과 남문을 공격할 모양이군.

창 든 병사들을 성 위에

세워 포수가 없는 것처럼 하라.

예.

하하! 산성이
우리 집 담
보다 낮구나.

총을 든 자는
한 명도 없다!

공격하라!

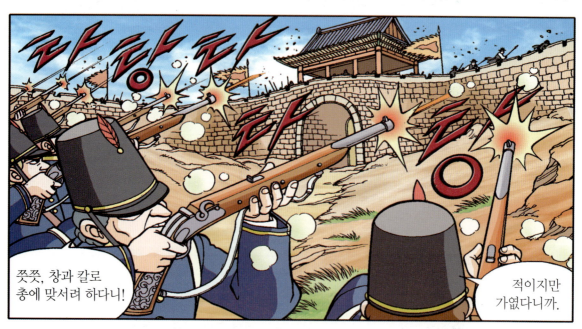

쯧쯧, 창과 칼로
총에 맞서려 하다니!

적이지만
가엾다니까.

놈들이 사정거리
안에 들어왔군.

1조, 일제히 발사하라!

비록 화승총의 명중률이 떨어진다 해도 사정거리 안에 들어온 이상 프랑스군은 포수들이 번갈아 쏘아 대는 총탄 세례에 당할 수밖에 없었다.

모두 물러나서 흩어져 공격하라!

적이 분산해서 돌진해 온다. 막아라~!

양헌수의 전술에 말려든 프랑스군은

결국 많은 사상자를 내고 물러날 수밖에 없었다.

공격을 멈추어라.

일단 후퇴한다. 부상병을 도와라.

아이고….

으아아~.

우리 측 사상자를 확인하고, 놈들의 공격에 대비하라.

네!

양헌수 장군님이 정족산성에서 프랑스군을 단번에 물리쳤대.

그래서 프랑스군이 곧 강화도를 떠난다는 소문이 파다해.

정말인가?

다다 다다

양헌수 장군!

정족산성 전투!

프랑스군은 6명이 죽고 수십 명이 부상을 입었지만

조선군의 피해는 전사자 1명, 부상자 4명뿐이었어.

완벽한 승리네!

정말 값진 승리야. 구식 무기로 신식 무기를 이긴 것도 훌륭하지만,

유럽 제국주의 열강인 프랑스를 조선이 이겼다는 기록을 남겼잖아.

근데 프랑스군은 군함에 아직 군사도 많은데,

너무 쉽게 물러나는 거 아냐?

다시 싸우면 수적으로나 무기로 보나 정족산성은 함락되겠지.

하지만 프랑스의 원래 목적은 통상이니까 아마 돌아갈 거야.

내가 흥선 대원군 이라면 프랑스와는 절대 무역 안 해!

캬캬, 이젠 전쟁 전문가가 다 되었군.

불이야~, 불이 났다!

프랑스 오랑캐가 외규장각에 불을 질렀다!

외규장각에는 프랑스군이 훔쳐 가고 남은 수천 권의 책이 있잖아!

안타깝게도 한 줌의 재가 되고 말지.

안 돼! 그냥 타게 내버려 둘 순 없어.

탕, 탕, 탕! 저번엔 프랑스군이 때린 걸로 끝냈지만 지금은 함부로 날뛰다간 죽게 돼.

!!!

이런 무수한 전쟁을 겪은 땅 위에서 지금 너희가 살아가고 있다는 걸 명심해.

자, 그럼 또 다른 전쟁터로 가야지.

싫어! 이제 전쟁은 싫다고. 돌아가고 싶어.

병인양요 이후 대외 관계

병인양요 이후 흥선 대원군은 천주교를 더욱 탄압했다. 또한 1868년, 조선에 온 독일 상인 오페르트 일행이 흥선 대원군의 아버지 남연군의 무덤을 도굴하려다 실패한 사건이 일어나고, 1871년엔 미국 함대가 강화도를 침입한 신미양요가 일어나자 통상 수교 거부 정책을 계속 펼쳤다. 이러한 대외 정책은 외세의 침략을 일시적으로 저지하는 데에는 성공했으나 서양의 새 문물을 받아들이는 시기를 늦어지게 한 결과를 가져왔고, 결국 1876년에 일본의 강압에 의해 강화도 조약을 맺고 조선은 *개항하게 된다.

*개항 외국과 통상할 수 있게 항구를 열어 외국 배가 드나들 수 있게 허락함.

엥? 여긴 어디지?

전쟁 기념관이야!

비파가 다른 전쟁터로 간다고 하지 않았어?

쉿! 우린 다시 현실로 돌아온 거야.

현실! 그럼 비파는?

고조선의 전쟁 기록화는 없고,

유물들이 전시 되어 있네.

비파가 타고 다니던 청동검이야.

자루는 없지만…!

이건 단순한 유물이 아니라 우리 민족의 혼이 깃들어 있는 거야.

전쟁을 빼고는 역사를 얘기할 수 없다는 말 이제 이해가 돼.

비파가 말한 또 다른 전쟁터는 우리가 서 있는 바로 여기, 현재가 아닐까?

맞아. 지금도 군인들이 나라를 지키고 있잖아.

그래, 남북 관계뿐만 아니라 다른 나라 전쟁에도 참전하니까.

슬프게도….

참, 난 외교관이 되어 프랑스가 가져간 책을 찾아 올 거야.

미소와 사관 학교에 가고 싶다며?

아, 시원해.

전쟁에 대해서는 공부 좀 했니?

아빠~!

네, 아빠. 우린 정말 생생한 역사 체험을 했어요.

쉿! 그렇게 큰 소리로 말하면 안 돼.

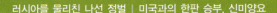

나선 정벌과 신미양요 ▼

러시아를 물리친 나선 정벌 | 미국과의 한판 승부, 신미양요

러시아를 물리친 나선 정벌

　나선은 러시아인, 즉 러시안(Russian)을 한자음으로 옮긴 것입니다. 17세기 들어 러시아인들은 풍부한 자원이 많은 청나라 흑룡강 일대에 진출해 성을 쌓고 경제 활동을 벌이기 시작했습니다. 이어 러시아 연해주와 만주 사이를 흐르는 우수리 강 하구에 성을 쌓고 송화강 방면으로 활동 범위를 넓혔습니다. 그러자 러시아에 위협을 느낀 청나라는 군대를 보내어 내쫓으려 했으나 우수한 총포로 무장한 러시아군을 이겨 낼 수 없었습니다.

　1654년, 청나라는 러시아 정벌군을 파견하며 조선에 원병을 요청했습니다. 이때 조선의 제17대 임금 효종은 100여 명의 조총 부대를 파견했고, 조선군은 청군과 합류해 흑룡강으로 거슬러 올라오는 러시아군과 만나 전투를 벌였습니다. 조선군의 맹렬한 공격에 러시아군이 7일 만에 도망을 쳐 승리했는데, 이것이 제1차 나선 정벌입니다.

　그러나 이후에도 러시아군이 흑룡강 일대에 계속 나타나자, 청나라는 1658년에 사신을 보내 또 조선 조총 부대의 파견을 요청했습니다. 그리하여

조선 시대의 조총

신류를 대장으로 조총군 200여 명과 *초관 등 60여 명이 제2차 나선 정벌에 나서게 됩니다. 조선군과 청군은 송화강과 흑룡강이 만나는 지점에서 러시아군과 접전을 벌였습니다. 조선군은 10여 척의 배에 군사를 싣고 공격해 오는 러시아군에 불화살로 맞서 배를 불태우는 등 대승을 거두었습니다. 이 전투로 흑룡강 일대에서 활동하던 러시아군이 거의 섬멸되었습니다. 두 차례

녕릉, 효종과 인선 왕후 장씨의 무덤. 사적 제195호(경기 여주군 능서면)

에 걸친 나선 정벌은 조선 조총 부대의 우수성을 알리고 또한 효종이 *북벌에 자신감을 가지는 계기가 되었습니다. 그러나 1659년에 갑자기 효종이 세상을 떠나면서 북벌 계획은 흐지부지되고 말았습니다.

*초관 군사 집단인 초(哨)를 통솔하던 관직.
*북벌 북쪽 지역, 즉 청나라를 치는 것.

미국과의 한판 승부, 신미양요

1871년, 미국은 제너럴 셔먼호 사건을 빌미로 조선을 개항시키기 위해 침략했습니다. 제너럴 셔먼호 사건은 1866년, 대동강으로 평양 가까이 와 조선에 통상을 요구하면서 대포를 쏘던 미국 상선 제너럴 셔먼호를 평양의 관민이 불태워 버린 일입니다.

미국은 제너럴 셔먼호 사건에 대한 응징과 조선과 통상을 하기 위해 아시아 함대 사령관 로저스에게 조선 원정 명령을 내렸습니다. 로저스는 5척의 군함에 1,200여 명의 군사를 이끌고 강화도로 들어가는 길목인 초지진과 덕진진에 이어 광성보를 공격했습니다. 어재연 장군이 이끄는 600여 명의 조선군이 광성보에서 미군과 격렬한 전투를 벌였지만 광성보는 끝내 함락되고 말았습니다. 이 전쟁을 서양 사람들이 신미년에 일으킨 난리라 해서 '신미양요' 라고 합니다.

창녕 척화비 (경남 창녕군 창녕읍)

조선은 전쟁으로 인한 많은 피해와 계속된 미국의 협박에도 불구하고 통상을 거부하며 거세게 저항했습니다. 그러자 미군은 더 이상 버티지 못하고 물러갔습니다. 미군이 물러가자, 당시 정권을 잡고 있던 흥선 대원군은 나라 곳곳에 척화비라는 비석을 세우게 했습니다. 척화비에는 '서양 오랑캐가 침범했을 때 싸우지 않는 것은 화의를 하자는 것이요, 화의를 하는 것은 나라를 팔아먹는 일이다.' 라는 글을 새겨 서양 세력을 멀리해야 한다는 뜻을 백성들에게 널리 알렸습니다.

초지진, 병인양요, 신미양요,
운요호 사건 때 격전이 벌어졌던 곳.
사적 제225호(인천 강화군 길상면)

광성보, 사적 제227호

덕진진, 사적 제226호

전쟁

233

알맹이 문제 풀이

《Why? 한국사》〈전쟁〉을 재미나게 읽었나요? 그럼 이제부터는 아래 문제를 찬찬히 풀어 보며 우리나라의 주요 전쟁을 꼼꼼히 정리해 봐요. *^^*

차근차근 확인해요

※ (1~2) 다음을 잘 읽고 물음에 답하시오.

> (   )은 ㉠고조선 시대의 도성으로 '왕험성'이라고도 한다. (   )에서 '왕검'을
> '임금'으로 보아 '임금의 성'이라는 뜻으로 해석하기도 한다. 그러나 (   )을 지역
> 을 가리키는 이름으로 볼 때는 그 위치에 대해서 여러 가지 설이 있다. 《삼국사기》와
> 《삼국유사》의 기록에 따라 지금의 평양으로 보는 설, 중국의 역사책인 《사기》의 기
> 록에 따라 요동으로 보는 견해 등이 있다.

1 (   ) 안에 들어갈 알맞은 말을 써넣으시오.

_____

2 ㉠에 대한 설명으로 바르지 <u>않은</u> 것을 고르시오.

① 고조선의 멸망 이유 가운데 하나로 내부 분열을 꼽을 수 있다.

② 고조선은 기원전 108년에 한나라에 의해 멸망했다.

③ 고조선은 만주와 한반도 북쪽에 걸쳐 넓은 세력권을 형성했다.

④ 우거왕은 고조선의 마지막 임금으로, 한나라에 항복해 목숨을 구했다.

⑤ 고조선은 한나라와 한반도 남쪽 지역을 잇는 중계 무역으로 큰돈을 벌었다.

3 고조선과 한나라의 전쟁에 대한 설명으로 바른 것을 모두 고르시오.

① 성기 장군이 용감히 싸운 덕분에 한나라에게 큰 승리를 거뒀다.

② 한나라의 군대는 흉악한 범죄자로 이루어져 있었다.

③ 결국 고조선의 패배로 고조선은 멸망했다.

④ 흔히 이 싸움을 평양성 전투라 하는데, 이때 고국원왕이 전사했다.

⑤ 우거왕이 한나라의 신하인 섭하를 죽인 일이 불씨가 되어 일어났다.

※ (4~8) 다음을 잘 읽고 바른 내용이면 ○표, 바르지 않은 내용이면 X표를 하시오.

4 한나라는 고조선을 멸망시킨 뒤 한사군을 설치했다.   (   )

5 백제 성왕은 나제 동맹을 깨고 한강 유역을 차지했다.   (   )

6 갑옷으로 무장한 말을 탄 고구려 병사를 개마 무사라 한다.   (   )

7 여진족과 싸우던 박서는 왕명을 거스를 수 없어 할 수 없이 항복했다.

(   )

8 645년에 당 태종은 10만 대군을 이끌고 고구려를 침략했다. (   )

※ (9~10) 다음을 잘 읽고 물음에 답하시오.

> 나는 고구려의 왕이야. 399년에 백제의 (㉠)이 왜, 가야와 연합해 신라를 공격
> 하자, (㉡)은 나에게 도와 달라며 원병을 요청했지. 나는 이듬해 용감한 고구려
> 군대를 신라에 보내 백제·가야·왜 연합군을 격퇴했어. 이 전쟁을 흔히 (㉢)이
> 라 하는데, 고구려가 남쪽으로 가장 멀리 가 싸운 전쟁이야.

9 나에 대한 설명과 거리가 <u>먼</u> 것을 모두 고르시오.

① 아들 장수왕이 업적을 기리기 위해 큰 비석을 세워 주었다.

② 고구려의 제19대 임금으로, 영토를 크게 넓혔다.

③ 박씨, 석씨, 김씨가 돌아가며 맡아보던 왕위를 김씨가 세습하게 만들었다.

④ 도읍을 국내성에서 평양성으로 옮겼다.

⑤ 쌍현성을 쌓아 국방을 튼튼히 했다.

10 (   )안에 들어갈 말을 바르게 짝지은 것을 고르시오.

① ㉠ 성왕,   ㉡ 내물왕, ㉢ 관산성 전투

② ㉠ 내물왕, ㉡ 아신왕, ㉢ 경자대원정

③ ㉠ 내물왕, ㉡ 성왕,   ㉢ 관산성 전투

④ ㉠ 아신왕, ㉡ 내물왕, ㉢ 경자대원정

⑤ ㉠ 아신왕, ㉡ 내물왕, ㉢ 관산성 전투

11 다음에서 설명하는 이곳이 어디인지 쓰시오.

> 온조왕은 이곳을 터전으로 삼아 백제를 세웠다. 이곳은 기름진 평야가 넓게 펼쳐져 있고 황해와 이어져 중국과 교류하기 좋았다. 고구려, 백제, 신라 모두 이곳을 차지하기 위해 잦은 전투를 벌였다.

---

12 다음과 관계 깊은 임금에 대한 설명으로 바르지 <u>않은</u> 것을 고르시오.

① 한강 하류를 차지하기 위해 백제를 공격해 나제 동맹을 깼다.

② 수도를 사비성으로 옮기고 통치 제도를 재정비했다.

③ 한강을 차지해 삼국 통일의 기반을 닦았다.

④ 신라의 전성기를 열었으며 대가야를 정복했다.

⑤ 함흥평야까지 진출하고 낙동강 유역을 차지하였다.

13 다음 문화재와 관계 깊은 인물에 대한 설명으로 바른 것을 고르시오.

① 금관가야의 마지막 임금인 구형왕의 셋째 아들로, 관산성 싸움에서 큰 공을 세웠다.

② 고구려를 동북아시아 최대 강국으로 우뚝 세웠다.

③ 백제의 전성기를 이끈 임금으로, 중국과 일본에도 그 세력을 뻗쳤다.

④ 연나라에 맞서기 위해 신성을 쌓고 국내성을 증축했다.

⑤ 왜, 가야와 연합해 신라를 공격했다.

※ (14~18) 다음을 잘 보고 서로 관계 깊은 것끼리 짝지으시오.

14 을지문덕 •　　　• ㉠ 영류왕을 죽이고 보장왕을 새 임금으로 세웠다.

15 양만춘 •　　　• ㉡ 별무반을 조직해 여진족을 몰아내고 9성을 쌓았다.

16 윤관 •　　　• ㉢ 거란이 보낸 낙타 50마리를 만부교 아래서 굶겨 죽였다.

17 연개소문 •　　　• ㉣ 당나라군에 맞서 안시성을 끝까지 지켜 냈다.

18 왕건 •　　　• ㉤ 살수 대첩에서 큰 공을 세워 수나라를 물리쳤다.

※ (19~20) 다음을 잘 읽고 물음에 답하시오.

(㉠)은 거란의 제3차 침입 때 눈부신 활약을 펼친 장군이다. (㉠)은 거란군의 선봉대가 삼교천을 건너자마자, 쇠가죽으로 밧줄을 엮어 막아 놓았던 둑을 터뜨려 승리했다. 또한 거란군이 황해도까지 진격했다 돌아갈 때 귀주에서 공격하여 크게 물리쳤다. 이 싸움을 (㉡)이라 한다.

19 ㉠과 거리가 먼 것을 고르시오.

① 낙성대   ② 살리타   ③ 나성   ④ 흥화진   ⑤ 소배압

20 ㉡에 들어갈 알맞은 말을 고르시오.

① 황산 대첩   ② 병인양요   ③ 한산도 대첩   ④ 진포 해전   ⑤ 귀주 대첩

※ (21~26) 다음을 잘 읽고 〈보기〉에서 관계 깊은 인물을 고르시오.

〈보기〉 ㉠ 양헌수   ㉡ 김무력   ㉢ 이성계   ㉣ 원균   ㉤ 권율   ㉥ 최영
        ㉦ 곽재우   ㉧ 이지란   ㉨ 최무선   ㉩ 이억기   ㉪ 김시민

21 남녀노소 할 것 없이 한마음 한뜻으로 싸워 행주산성에서 대승을 거두었다.   (   )

22 화약과 주화를 발명해 왜구를 혼쭐내 주었다.   (   )

23 전쟁터에서 늘 붉은 옷을 입고 싸웠기 때문에 홍의 장군이라 불렸다.
                                                      (   )

24 강화도에 침입한 프랑스군을 정족산성에서 크게 물리쳤다.

(   )

25 황산 대첩에서 승리를 거뒀으며 고려를 무너뜨리고 조선을 건국했다.

(   )

26 60세의 나이에 전투에 나가 홍산에서 왜구를 크게 물리쳤다.

(   )

27 다음 인물의 공통점을 고르시오.

> • 박서   • 김경손   • 김윤후

① 거란의 침략을 물리쳤다.

② 몽골군에 맞서 용감히 싸웠다.

③ 왕건을 도와 고려를 건국하는 데 힘썼다.

④ 화통도감에서 화약 무기를 만들었다.

⑤ 쓰시마 섬을 토벌하는 데 앞장섰다.

28 다음과 관계 깊은 사건을 쓰시오.

> • 프랑스 함대가 병인박해를 빌미로 강화도에 쳐들어왔다.
> • 외규장각의 책들이 프랑스군에 의해 약탈되었다.

※ (29~30) 〈보기〉를 찬찬히 살펴보고 물음에 답하시오.

〈보기〉 ㉠

난중일기

㉡

거북선

29 〈보기〉와 관계 깊은 인물에 대한 설명으로 거리가 <u>먼</u> 것을 모두 고르시오.

① 바다를 장악한 덕분에 육지의 왜군이 물자와 식량을 공급받기 어려웠다.

② 학익진 같은 전술과 거북선 같은 무기를 능수능란하게 이용했다.

③ 한산도 대첩에서 안타깝게 패배했지만 노량 대첩에서 큰 승리를 거뒀다.

④ 진포 해전에서 왜구를 크게 무찔러 이름을 널리 떨쳤다.

⑤ 육지에서의 계속된 패배에 사기가 떨어졌던 조선 백성들에게 승리할 수 있다는
희망을 불어넣어 주었다.

30 다음에서 설명하는 전쟁은 무엇인지 쓰시오.

이 전쟁은 〈보기〉와 관계 깊은 인물이 1597년에 12척의 배를 이끌고 명량 해협에서
133척의 왜군 함대를 크게 물리친 싸움이다. 이 싸움의 패배로 왜군은 서해로 진출
하는 것을 포기했다.

31 미라는 위인전을 읽고 다음과 같은 편지글을 썼습니다.
편지글을 잘 읽고 (   ) 안에 알맞은 말을 써넣으시오.

> 존경하는 (㉠   ) 장군님께
>
> 안녕하세요. 저는 장군님처럼 훌륭한 외교관이 되고 싶은 학생입니다. 거란이 고려를 침입했을 때, 많은 신하가 서북쪽 땅을 떼어 주고 항복하자고 주장했지만 장군님께서는 당당히 거란 장수와 담판을 벌였습니다. 그 결과 고구려의 옛 땅을 되찾고 성을 쌓았는데 그것이 (㉡   )입니다. 장군님은 싸워 보지도 않고 항복하는 것은 어리석은 일이라 하셨습니다. 거란 장수와 당당히 맞서고 논리적으로 상대를 설득하는 장군님의 모습을 꼭 닮고 싶습니다.

㉠ _____   ㉡ _____

※ (32~33) 다음을 잘 읽고 물음에 답하시오.

> 고려는 1231년에 몽골의 제1차 침략을 받고 큰 피해를 입었다. 이듬해 몽골의 재침입에 대비하기 위해 ㉠수도를 개경에서 (   )로 옮겼다.

32 (   ) 안에 알맞은 말을 써넣으시오.

_____

33 ㉠과 같은 일이 일어난 이유를 2개 이상 쓰시오.

_____

_____

차근차근 확인해요

1 왕검성　2 ④　3 ②, ③, ⑤　4 ○　5 ×　6 ○　7 ×　8 ○　9 ③, ④, ⑤　10 ④　11 한강　12 ②
13 ③　14 ⓜ　15 ⓛ　16 ⓝ　17 ⓖ　18 ⓔ　19 ②　20 ⑤　21 ⓟ　22 ⓩ　23 ⓢ　24 ⓙ　25 ⓔ
26 ⓗ　27 ②　28 병인양요　29 ③, ④　30 명량 대첩

1.~2. 고조선은 지리적인 이점을 이용해 한반도 남쪽의 진국 같은 나라가 한나라와 직접 교류하는 것을 막고 중계 무역의 이익을 독점했습니다. 그러자 한나라 무제는 이에 불만을 품고 고조선을 침략했습니다. 우거왕은 끝까지 한나라에 맞서다 배신한 신하에게 살해당했습니다.

3. 자료 그림은 고조선과 한나라의 1차 접전인 패수 싸움에 관한 것입니다.

5. 나제 동맹을 깨고 한강 유역을 차지한 사람은 신라 제24대 임금인 진흥왕입니다.

7. 박서는 몽골군에 맞서 귀주성을 용감히 지켜 냈습니다. 하지만 항복하라는 고종의 명령을 어길 수 없어 성문을 열고 몽골군에게 무릎을 꿇었습니다.

9. 고구려 제19대 임금인 광개토 대왕에 대한 문제입니다.
　③ 신라 제17대 임금인 내물왕이 한 일입니다.
　④ 고구려 제20대 임금인 장수왕의 업적입니다.
　⑤ 백제 제17대 임금인 아신왕의 업적입니다.

12. 신라 진흥왕에 대한 문제입니다.

13. 자료 그림은 백제의 제13대 임금인 근초고왕이 일본 왕에게 하사한 칠지도입니다.
　① 신라 김무력 장군에 대한 설명입니다.
　② 광개토 대왕에 대한 설명입니다.
　④ 고구려 제16대 임금인 고국원왕에 대한 설명입니다.
　⑤ 백제 아신왕에 대한 설명입니다.

19.~20. 고려 강감찬 장군에 대한 문제입니다. 강감찬은 거란

의 제3차 침입 때인 1019년에 흥화진 대첩, 귀주 대첩에서 빛나는 승리를 거두었습니다. 살리타는 몽골군의 장수로, 몽골의 제2차 침입 때인 1232년에 김윤후에게 목숨을 잃었습니다.

27. ④ 화통도감을 세우고 화약 무기를 만드는 데 힘쓴 사람은 최무선입니다.
　⑤ 쓰시마 섬을 토벌해 왜구를 혼쭐낸 사람은 박위입니다.

28. 프랑스는 프랑스 신부와 천주교도들을 처형한 병인박해를 빌미로 조선에 쳐들어왔습니다. 그리고 통상을 요구하며 강화도를 점령했습니다. 프랑스군은 조선군에 패하자, 철군하면서 우리의 귀중한 문화재를 빼앗아 갔습니다.

29. 이순신에 대한 문제입니다.
　③ 이순신은 한산도 대첩에서 학익진과 거북선을 이용해 대승을 거두었습니다. 학익진은 학이 날개를 편 듯 치는 진을 말하는데, 적을 둘러싸 공격하기에 좋습니다. 거북선이 맨 앞에 가고 거북선의 양쪽에 판옥선이 따르다가 적의 배가 있는 곳에 다다르면, 여러 판옥선이 학 날개 모양으로 펼쳐져 적군을 둘러싸 공격했습니다.
　④ 진포 해전에서 주화 같은 화약 무기를 앞세워 승리를 이끈 사람은 최무선입니다.

꼼꼼하게 풀어 봐요

31 ㉠ 서희, ㉡ 강동 6주　32 강화도　33 초원에서 말을 타고 생활하는 몽골 족이 해전 경험이 부족한 것을 이용하기 위해서 / 강화도는 배를 이용해 세금을 걷거나 물건을 구하기에 편리했으므로 / 강화도 앞바다는 밀물과 썰물의 차이가 커서 적이 침입하기 어려웠으므로

31. 고려는 거란군이 돌아간 뒤 압록강 동쪽을 공격해 여진족을 내쫓고 성을 쌓았습니다. 그곳이 바로 강동 6주인데, 흥화진(의주), 용주(용천), 통주(선주), 철주(철산), 귀주(구성), 곽주(곽산)를 통틀어 이르는 말입니다.

주요 찾아보기

초등과학 학습만화 Why?

왜 모두들 Why?를 선택했을까요?

- 어려운 내용을 술술 재미있게 풀어 낸 고품격 만화
- 필요한 정보를 한눈에 알 수 있는 생생한 사진
- 과학적 원리를 쉽게 풀어 주는 정밀 일러스트
- 각 분야를 대표하는 전문가들의 세심한 감수

2,000만부 판매돌파

프랑스, 중국, 대만, 홍콩, 태국
해외 저작권 수출

〈Why?〉를 읽으면 과학이 보여요!

모든 과학의 출발은 호기심과 궁금증에서 비롯됩니다.
〈Why? 시리즈〉는 딱딱하고 어려운 과학을 쉽고 재미있게 엮어 내
어린이들의 왕성한 호기심과 궁금증을 시원하게 풀어 줍니다.

Why? 시리즈

글 이광웅·허순봉·조영선·김민재·전지은 외 **만화 및 일러스트** 박종관·이영호·강진호·송회석·파피루스·이신영 외
사진 김태정·석동일·이수영·서정화·허용선·김창윤 외

우주 감수 조경철	공룡 감수 이용남	동굴 감수 우경식	식품과 영양 감수 윤지현
인체 감수 박용하	화학 감수 김건	갯벌 감수 임현식	실험관찰 감수 김기명
바다 감수 한상준	발명·발견 감수 왕연중	로켓과 탐사선 감수 채연석	미래과학 감수 박지형
컴퓨터 감수 박순백	물리 감수 김제완	교통수단 감수 송성수	유전과 혈액형 감수 권석운
식물 감수 김태정	화석 감수 이용남	미생물 감수 윤철종	장수풍뎅이와 사슴벌레 감수 장영철
지구 감수 조경철	남극·북극 감수 김예동	인류 감수 전경수	
동물 감수 최임순	똥 감수 박완철	스포츠 과학 감수 백진호	물고기 감수 이완옥
곤충 감수 최임순	물 감수 신항식	응급처치 감수 윤한덕	새 감수 유정칠
환경 감수 최열	로봇 감수 오준호	별과 별자리 감수 김광태	생활과학 감수 최원석
생명과학 감수 박용하	외계인과 UFO 감수 맹성렬	뇌 감수 신형철	전통과학 감수 정동찬
날씨 감수 안명환	자연재해 감수 이윤수	빛과 소리 감수 유건호	전기전자 감수 문승일
핵과 에너지 감수 곽영직	질병 감수 지제근	정보통신 감수 박기식	과학사건 감수 조항숙
사춘기와 성 감수 한국여성민우회 성폭력상담소	독 있는 동식물 감수 심재한	파충·양서류 감수 송재영	**50권**